读客女性主义文库

熊猫君激发个人成长

从卫生巾到节育环：
20个物品见证女性主义200年

［法］玛蒂尔德·拉雷尔 著　　［法］弗雷德·索查德 绘
Mathilde Larrère　　　　　　　Fred Sochard

樊艳梅 译

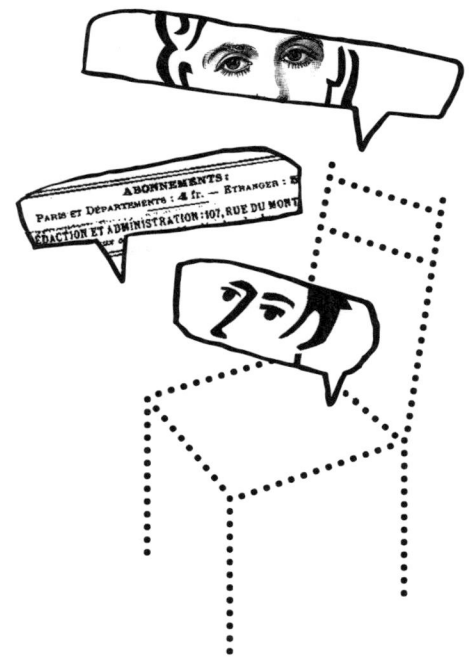

Guns and Roses:
Les Objets des luttes féministes

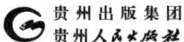
贵州出版集团
贵州人民出版社

图书在版编目（CIP）数据

从卫生巾到节育环：20个物品见证女性主义200年 /（法）玛蒂尔德·拉雷尔著；（法）弗雷德·索查德绘；樊艳梅译. -- 贵阳：贵州人民出版社，2025. 1.
ISBN 978-7-221-18557-0

Ⅰ. D441.9

中国国家版本馆CIP数据核字第20245TA336号

GUNS AND ROSES © Éditions du Détour, Bordeaux, 2022
Simplified Chinese language edition published by arrangement with Édition du Détour in conjunction with its duly appointed agents So Far So Good Agency and The Grayhawk Agency.
Simplified Chinese translation copyright © 2025 by Dook Media Group Limited.
All rights reserved.

中文版权 © 2025读客文化股份有限公司
经授权，读客文化股份有限公司拥有本书的中文（简体）版权
图字号：22-2024-089

从卫生巾到节育环：20个物品见证女性主义200年
CONG WEISHENGJIN DAO JIEYUHUAN:
20 GE WUPIN JIANZHENG NüXINGZHUYI 200 NIAN

［法］玛蒂尔德·拉雷尔／著　　［法］弗雷德·索查德／绘　　樊艳梅／译

出 版 人　朱文迅
责任编辑　杨 礼　张 薇
特约编辑　金楚楚　马菡瑜
封面设计　陈绮清　梁剑清
插画设计　［法］弗雷德·索查德

出版发行　贵州出版集团　贵州人民出版社
地　　址　贵阳市观山湖区会展东路SOHO办公区A座
印　　刷　三河市龙大印装有限公司
版　　次　2025年1月第1版
印　　次　2025年1月第1次印刷
开　　本　880mm×1230mm　　1/32
印　　张　8.5
字　　数　173千字
书　　号　ISBN 978-7-221-18557-0
定　　价　59.90元

如发现图书印装质量问题，请与印刷厂联系调换，联系电话：010-87681002；
版权所有，翻版必究；未经许可，不得转载。

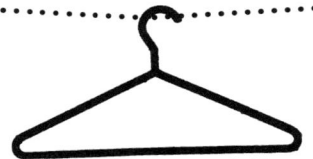

这本书本身也是一件物品,它可以在与父权制的斗争中发挥作用。比如,把这本书扔向在街头骚扰您的人。

引　言	001

第一章　街头的斗争之物　　　　　　　　009

街　垒	011
让我们拿起武器！	018
你永远能在墙壁上看到我们的支持	033
纸质投石器	049

第二章　争取权利平等的斗争之物　　　073

妇女参政论者的小小博物馆	075
花束与花环	090
《法国民法典》与女权主义者的巫魔夜会	097
钱包、支票簿和银行卡	105

第三章　争取身体自由的斗争之物　　　121

阴道隔膜、宫内节育器、避孕套和避孕药	123
远离子宫，靠近衣橱	140

i

导管、针筒和打气筒　　　　　　　　　　151
　　卫生巾、卫生棉条、月经杯和内裤　　　　159

第四章　争取工作自由的斗争之物　　171
　　面包与玫瑰　　　　　　　　　　　　　　173
　　"机械玛丽""温顺的家庭主妇"和机器人夏洛特　　182

第五章　争取穿衣自由的斗争之物　　199
　　长裤之战　　　　　　　　　　　　　　　201
　　我们想要衣服口袋！　　　　　　　　　　215
　　裙　撑　　　　　　　　　　　　　　　　221
　　紧身胸衣　　　　　　　　　　　　　　　230
　　胸　罩　　　　　　　　　　　　　　　　238
　　头　巾　　　　　　　　　　　　　　　　246

结　语　　　　　　　　　　　　　　　　257
　　阉割装置　　　　　　　　　　　　　　　259

引　言

　　弗朗斯瓦丝——她对自己的姓氏一直守口如瓶——约莫八十岁，满头白发，脸上笑容灿烂。20世纪70年代，她在马赛与法国计划生育组织一起支持过地下堕胎活动。韦伊法[1]颁布后，自愿终止妊娠[2]合法化，弗朗斯瓦丝前往西班牙，甚至去往墨西哥的恰帕斯州，继续援助女性。2019年5月的一天，她同卡特林·舒尔特-希伦一起坐在巴黎11区的一家咖啡馆里。卡特林在国际医疗人道救援组织"无国界医生"（MSF）工作，是性与生殖健康问题的专家。她也曾支援过地下堕胎活动，尤其是在阿根廷。为了让无国界医生将援助想要堕胎的女性纳入其主要工作任务，她一直不懈斗争。这两位女士聚在这

---

[1] Loi Veil，即《自愿终止妊娠法》。该法案于1974年由时任法国卫生部部长的西蒙娜·韦伊（Simone Veil）提交，于1975年颁布，至今仍在不断修订。——编者注（本书注释如无特别注明，均为编者注）
[2] 即堕胎。法语为"Interruption Volontaire de Grossesse"，简称为IVG。

里是为了参加无国界医生在"冶金工人之家"[1]举办的关于堕胎的会议。我有幸与女记者维克图瓦·蒂阿永参加了这次会议。很快,她们的交谈变得热烈而激动人心,充满了各种细节。她们谈论各自的堕胎手法、技术以及工具,谈论压强、吸力、导管的长度、塑料的类型和质量。这是一场专业人士的实践经验分享会。弗朗斯瓦丝对堕胎方法自20世纪70年代以来取得的进步惊叹不已,卡特林则对最早通过抽吸进行堕胎的有效性惊叹万分。就在这时,弗朗斯瓦丝在她的包里翻来翻去,拿出两根塑料导管,透明的管壁已经磨得有些粗糙,这是她在马赛使用过的导管,她把它们保存下来留作纪念。我们把导管拿在手里……我曾多次在课堂上讲过关于卡曼式堕胎[2]的历史——在本书的后文中我还会再次谈及,但是,我从未如此近距离地观察过导管,更没有亲手拿过这样的导管。这场发生在曾帮助过许多人的两位女性之间的具体讨论,以及弗朗斯瓦丝从大包里拿出导管的画面,成了我作为女性主义者最为动人的记忆之一。

然而,那时,我尚未想过从日常之物讲述女性史或思考她们斗争的意义。是其他一些已经研究过物的历史以及通过物研究历史的历史学家启发了我。

---

[1] la Maison des Métallos,一所位于巴黎的文化艺术机构,受法兰西岛大区议会资助。——译者注
[2] 一种以抽吸的方式进行堕胎的方法,以美国医生哈维·卡曼(Harvey Karman)的名字命名。——译者注

从卫生巾到节育环：20个物品见证女性主义200年

2020年，皮埃尔·辛加拉维卢和西尔万·韦奈尔主编的论文集《世界商店》（法亚尔出版社）呈现了许多日常之物的历史，这些物品讲述了许多故事——被用于征服太空的印第安人吊床，加速非洲大象灭绝的钢琴……布鲁诺·卡瓦内斯以日常之物为基础讲述了战争的暴力史（《暴力片段：1914年以来的物品战争》，瑟伊出版社，2020）。在德法公共频道[1]上，帕特里克·布舍龙与男女嘉宾共同完成的电视节目《讲述历史》，也是每一期从某个日常之物出发，讲述社会史、政治史、经济史上的某个片段。从日常之物这样一扇小小的门进入历史，能够更好地揭示并激发大家感受我们想要传达的历史，我发现这样的方式极为成功、有效。通过日常之物来把握历史，能让我们走近历史。我再一次想到了弗朗斯瓦丝的导管，就在那一刻，我产生了这样一个想法：通过与女性斗争相关的日常之物来讲述她们的历史。

艺术家们也经常使用这种以物叙事的方式。2019年，弗朗斯瓦丝和卡特林相聚于西班牙女摄影师、造型艺术家拉亚·阿

1　Association Relative à la Télévision Européenne（ARTE），又译作"欧洲电视协会"，是1992年由德法两国合资建立的公共电视频道。

布里尔[1]的艺术展"论堕胎"。当你进入展览大厅时，立刻就会看到一个由许多衣架堆叠在一起形成的金字塔，我思考了好一会儿才理解。

2019年，与西班牙的情况不同，衣架在法国尚未成为自愿终止妊娠斗争的象征符号——我会在本书的第140页讲述这一斗争事件。等我理解这一切之后，我才发现拉亚·阿布里尔对于表现地下堕胎的暴力以及相关女性数量的构思是如此坚定有力。2022年6月，美国联邦政府裁定女性堕胎权并非宪法赋予的权利，为支持美国女性而爆发的抗议活动频繁使用了衣架这一物品，肯定了这一象征物的力量。

2022年，在塞特举办的纪实摄影节"独特的影像"展出了卡米耶·加尔比（Camille Gharbi）的摄影作品，主题为"直面：亲密伴侣暴力史"。这次展览展出的是一系列简洁、精练的小照片，乍一看这些影像只是日常之物：高压锅、音箱、熨斗，但在每张照片下方的文字说明里，却写着：名字，年龄，"被丈夫或恋人杀害"的句子，日期与地点——这一切和墙壁上的女性主义拼贴画一样，再一次彰显了捕捉恶之平庸及日常暴力的巨大力量。正如20世纪70年代的其他艺术家一样，这些女艺术家在作品中利用日常之物来展开女性主义斗争。

---

[1] Laia Abril，生于1986年，西班牙著名摄影艺术家。她在进行一个名为"厌女史"（A History of Misogyny）的长期项目，项目成果已有摄影集《论堕胎及无法堕胎的影响》（On Abortion: And the Repercussions of Luck of Auccess，2018）与《论强奸》（On Rape，2022）。

这也是瓦利·埃斯波[1]所做的事,1976年,她创作了《圣母分娩》:这是一张拼贴照片,画面上是一个正在分娩洗衣机的女人,滚筒里掉出的红色毛巾像一摊血。这也是玛莎·罗斯勒[2]所做的事,在一部叫作《厨房符号学》的视频中,她站在厨房操作台前,正对镜头,像烹饪节目的主持人那样介绍并使用厨房用具(围裙、平底锅、刨子、打蛋器、刀具……),随着时间一点点过去,她变得越来越可怕,越来越具有侵略性。

我一度打消了以日常之物来讲述女性斗争史的想法。诚然,的确有东西可说,因为性别的构建是通过分配给女性和男性不同的物品实现的。同时,男性与女性共同使用的物品也会被性别化:颜色、形状、材料、重量,甚至是……价格!但是,在我的同事们出版了《世界商店》这一论文集之后,我

---

1 VALIE EXPORT,生于1940年,奥地利先锋艺术家、导演,涉足摄影、视频、装置艺术和电影等领域。她刻意采用商标似的大写形式设计艺名,希望通过艺术实践来"出口"(export)她内在的思想和感受。其著名作品有1968年在慕尼黑市中心表演的行为艺术《触摸影院》(*Tapp-und Tastkino*)。
2 Martha Rosler,生于1943年,美国著名视觉艺术家、随笔作家。其代表作《厨房符号学》(*Semiotics of the Kitchen*)是女权主义录像艺术的先驱作品。

担心自己写出来一本类似于《妇女乐园》[1]的书，里面会提到口红、长靴、脱毛器。既然要选择一个视角，我希望只保留与斗争相关的物品，无论它们是标志、象征还是目标，无论它们被利用还是被改造。女性主义者青睐的物，破坏的物，挥舞的物，或者利用的物，都可以。只要这些物在女性斗争中出现过，无论这些斗争是为了争取平等，为了争取选举权，还是为了自由支配自己的身体，抑或是女工罢工、家庭主妇罢工。前一本书《去他的父权制》主要论述了从法国大革命开始至今的女性主义斗争，我曾想在那本书中讲述一些斗争故事，而在这本书中，我想以更加鲜明、更加物质、更加具体的方式来呈现这些斗争。也许您一开始会觉得这些物品无足轻重，但是之后您会发现它们比表面看起来更加重要。因为这些物品中的绝大部分您都很熟悉，并且其中有些东西您自己也拥有。因此，本书的标题"枪与玫瑰"[2]既是对前一本书的呼应，也是因为在其他种种物品之外，我还会和您谈论武器与玫瑰。

最后，本书的背后还隐藏着梦想与希冀：我希望能在法国建立一座女性主义斗争博物馆。这样的博物馆，英国已经有了，美国的华盛顿也即将要建立。在博物馆里，可以看到照

---

[1] 法国作家左拉创作的小说。这部小说以19世纪下半期法国资本主义发展为背景，讲述了巴黎一家大百货商店的兴盛故事。
[2] 本书法语书名直译是"枪与玫瑰：见证女性斗争的物品"。

片、海报、重要的文献，以及各种各样的物品！因此我想给打算踏上漫漫征途的你们一些灵感。

另外，这本书本身也是一件物品，它可以在与父权制的斗争中发挥作用。比如，把这本书扔向在街头骚扰您的人。

读客女性主义文库

参考资料

那次私人会面之后,弗朗斯瓦丝和卡特林在无国界医生举办的圆桌会议上再次聊起了这些主题(详情见网站msf.fr)。拉亚·阿布里尔的摄影集(《论堕胎:堕胎,一种普遍的脆弱性》,2019年5月24日)由植物升降机出版社于2017年出版。[1] 2022年5月,卡米耶·加尔比的摄影集《直面:亲密伴侣暴力史》由眼睛出版社出版,可惜的是,刊印的数量很有限。玛莎·罗斯勒的视频作品可以在YouTube上看到。

---

1 作者此处援引的信息有误。拉亚·阿布里尔的摄影集《论堕胎及无法堕胎的影响》由Dewi Lewis出版社于2018年出版,在植物升降机网站上有售。2019年5月24日,弗朗斯瓦丝与卡特林·舒尔特-希伦围绕无国界医生与拉亚·阿布里尔合作的主题展览"论堕胎:堕胎,一种普遍的脆弱性"展开了一次对谈,即本书一开篇提到的会议。

街头的斗争之物

街　垒

在巴黎公社被镇压之后的几个月里，画家埃克托尔·科隆，即莫洛克（B. Moloch），创作了一系列关于巴黎公社最后一批男女社员英勇斗争的画作。在他最负盛名的石版画中，有一幅描绘的正是1871年5月由女性守卫的布朗什广场的街垒。在很长一段时间里，这幅画让我困惑不已。在画的近景部分，一位骑着马的联邦派军官正在与一位向前行进的女子握手，这位女子肩扛步枪，腰间系着子弹盒。在右侧，另一位骑马的军官将手指向大约两米高的街垒，上面插着一面红旗。依稀可以看出画中有一群公社社员，其中大部分都是女性。在画的左侧，一名躲在墙角的女子正在给枪上子弹。这幅"女性街垒"画的近景部分为什么会出现两位男军官？为什么感觉像是男性将保卫巴黎公社的接力棒交给了女性？后来我才明白这幅画描绘的场景源于1871年5月24日发行的最后一期《巴黎公社报》上刊登的一篇报道。不久之后，巴黎公社社员、最早研究

街垒 ....

用物品堆积起来的障碍物,在街头作战中用于自我防御。

巴黎公社的历史学家普罗斯珀-奥利维耶·利萨加雷转述了这一场景：巴黎公社"五月流血周"[1]的第三天，救国委员会的两名成员瓦尔莫雷勒和勒弗朗赛正在蒙马特街区巡查，忽然被一位查看通行证的女公民拦截下来。他的文章紧接着描述了"由大约一百二十名女性"守卫的街垒。

这一情节很快就固定下来，变成了关于"五月流血周"种种叙事中一个反复出现的画面。只是，在不同的版本中，在场女性的数量以及事件发生地的信息会有一些细微的不同。公认的事件发生地是布朗什广场，路易丝·米歇尔[2]就是这么写的，但也有人说发生在皮加勒广场。在利萨加雷讲述的第一个版本中，现场的女性坚守了好几个小时，最后全部被"处决"；而在几年后他讲述的版本中，这些女性很快就放弃了这场还未开始就注定输掉的战斗，并立刻撤退到了其他街垒。不管怎样，没过多久，所有人都在自己的故事中描述这一场景。在公社社员的叙述中，这实际上是在表现女性的英勇战斗，以及所有巴黎人民为了保卫公社而进行的广泛抗争。镇压巴黎公社的凡尔赛派也讲述了这一故事，但目的要么是嘲笑胆小怯懦、没有男子气概的男人们，因为他们把守城的任务交给了女性；要么是

---

[1] 1871年5月21日至28日，巴黎公社社员为了捍卫公社的胜利果实与凡尔赛军队进行了一周的激战，最终被血腥镇压，这段时间被称为"五月流血周"。——译者注
[2] Louise Michel（1830—1905），法国巴黎公社的重要代表人物，也是法国最著名的无政府主义者之一。

批判某种对常规的彻底僭越,因为这一场景颠覆了传统的性别秩序,塑造了可怕的悍妇形象,很快,这些女人变成了大家口中的"纵火女"。不管讲述者是男性还是女性,不管他们属于哪个阵营,只要他们想要谈论这座著名的女性街垒,唯一确定的只有一点,那就是这座街垒在当时看来似乎是史无前例的奇事。

对于某些人来说,这或许是为了避免谈及在巴黎公社最后的街垒中持续战斗的其他女性,把目光以及随之而来的疑问集中在唯一一座街垒上,这样就看不到其他的街垒了,一棵树遮挡了一片森林。也许永远都不可能确定是否存在过一座女性街垒,也不可能知道它确切的地点。也许唯一能确定的就是,在许多地方,女性曾战斗过,并为此献出了自己的生命,这些女性的数量比参加1830年和1848年革命的女性数量要多得多。巴黎公社社员被审讯时的许多证词都证实了这一点……但是这些叙事随后似乎就彻底消失不见了,只剩下布朗什广场事件还会被人提起。

无论是在法国还是在欧洲,街垒都是19世纪城市革命起义中绝对不可忽视的新事物,它首先是一种男性意象。请注意,街垒是在1830年七月革命期间忽然出现的,当时街垒数量之多——有好几百个——震惊了世人;自投石党运动之后,街垒再次给人带来新鲜感——其实1794年至1795年间以及1827年都出现过一些街垒,只是比较分散——很快这种印象成了种种相关事件的叙述和绘画的核心主题。之后的每次起义或者革命都可以看到街垒的存在,尤其是在1848年"人民之春"[1]到来时,整个欧洲都可以看到它的存在。街垒虽是一种防卫战术,但它很快就变成了革命的代名词。然而,一旦要描绘或讲述与街垒相关的战斗,女性几乎都是不存在的。即使存在,也是以一种隐喻的方式——赤裸的胸脯!其功能是表现引导人民的自由或是在当局的镇压下失败的革命,而不是代表真正的女战士。

如此看来,街垒属于男性事务?然而,街垒肯定是人建造的!许多资料都证实女性在参与建造街垒时承担了和男性同等重要的工作。街垒也需要补给,如液体状、固体状和粉末状的食物,以及装填好弹药的步枪,这些事务传统上都由女性负责,起义活动并没有改变这一点。女性还要负责疏散、救助、包扎伤员,有时还要为死者哀悼——绘画中常常出现这样的战场女性形象,这与大家对女性的刻板印象完全吻合。在这些画作中,在街垒战斗的男性总是处于中心位置,而女性则在背景处充当医务人员、商贩、护士以及"痛苦圣母"[2]的角色。尽管如此,这样的女性角色对于整个街垒组织系统而言也不可或缺,如果没有她们,这些街垒就不可能长久地矗立在那里。

---

[1] 又称"民族之春",指1848年欧洲革命。
[2] mater dolorosa,又称"七苦圣母",指圣母玛利亚在人世间承受了七种苦难,她甘愿为儿子耶稣分担痛苦,代表着世界上所有苦难的母亲,强调了母亲坚强、忍耐和无私的形象。

更重要的是，我们不应把街垒作战简化为起义军与当局军队之间的交火。让我们再次从绘画中寻找答案：一幅1830年的版画描绘了发生在巴黎圣安托万路的战斗。1830年7月28日，皇家卫队的骑兵在那里被从楼房窗户或者屋顶扔下来的瓦片、家具、器皿袭击。这幅版画既表现了战术的有效性，又富有喜剧色彩，各种各样的日常之物像冰雹一般落到了全副武装、训练有素的骑兵身上。我曾研究过镇压1832年、1834年和1839年起义的军队力量，发现大部分士兵受伤的原因不是中弹，而是被掉落的物品砸伤头部或者上身。猜猜看，是谁躲在窗户后面向骑兵扔下了密密麻麻的物品呢？是女人们！她们投掷的正是家庭日常生活中用到的器具：桶、汤锅、平底锅、尿壶！

所以，街垒不仅是男性的事务，也是女性的事务。真正的例外是枪，而女性的主要诉求之一就是使用枪的权利！

从卫生巾到节育环：20个物品见证女性主义200年

参考资料

巴黎公社时期的女性街垒吸引了许多历史学家进行研究。1995年5月，在关于街垒的第一次研讨会上，阿兰·科尔班和让-玛丽·马耶尔首度做了相关报告（索邦大学出版社，1997）。此次研讨会也是思考长达两个世纪的街垒现象的开端。然而，杜拉特勒一直对女性街垒的存在持怀疑态度。女作家米歇尔·奥丹[1]以其一贯的严谨态度，重新考察了相关资料。2017年7月，她在自己的博客（macommunedeparis.com）上发表了一篇文章，之后又在2021年自由之地出版社出版的一部关于巴黎公社"五月流血周"的专著中，重新探讨了相关重要问题。女性街垒当然存在过！她大声呼喊："让我们停止修正主义的论调！"

---

1 Michèle Audin，生于1954年，法国数学家、作家，曾任"妇女与数学"协会的主席。

读客女性主义文库

让我们拿起武器！

　　2022年3月初，我开始写这些文字时，一直密切关注着乌克兰的局势。那时，"照片墙"（Instagram）平台上一张乌克兰老奶奶持枪的照片被大量转发，照片的发布者是这位老奶奶的孙女瓦列里·乌沙乔瓦，她是基辅的一位美妆博主。当时，大部分的乌克兰女性都逃离了被轰炸的家园，她们的兄弟、父亲、儿子、恋人不得不上战场，但也有一些女性选择留下来战斗。照片上的这位老奶奶出生于1938年，她臂下夹着一支卡拉什尼科夫步枪。迪伦·卡尔夫在《解放报》上发表了关于这张照片的评论，苦涩的结尾除了表达回归和平的渴望，还表达了回归传统性别秩序的渴望："希望有一天，玻尿酸注射器能重新替代这支卡拉什尼科夫步枪，前后对比的照片上不再是那些生活被战争摧毁的人。"真是悲哀……女性可以拿枪，为什么就让人如此难以接受呢？

　　1792年（法国大革命爆发后的第四年）3月25日，在小兄弟会[1]的主席台上，安妮-约瑟夫·戴洛瓦涅[2]对台下听众中的女公民喊道："让我们拿起武器，这是我们与生俱来的权利，也是法律赋予我们的权利！"

或许您会失望——或许您会安心，这点视情况而定——因为，当时戴洛瓦涅并不是要让女性拿起武器来反抗男性，这是本性容易惊慌的反女权主义者的臆想。她是要女性和男性一样拿起武器，一起保卫祖国和大革命。戴洛瓦涅在演讲的最后还号召大家组成"亚马孙女战士"军团（参看本书第32页），在战神广场进行操练。

让我们明确一下当时的历史背景：战争一触即发，开战只是时间问题。欧洲各国的王室十分担忧所谓的革命"传染病"，准备用武力让路易十六重新掌握绝对君主的权力。与此同时，法国国内战争也近在咫尺。特权已被废除，等级社会已经终结，为了保卫这些革命成果以及人的权利——其中也包括女性的权利，必须战斗。所以，许多女性像戴洛瓦涅一样，不愿意只守在家里等待参加战争保卫大革命的兄弟、父亲或丈夫。

---

1 指方济各会，其中的会士互称"小兄弟"。
2 Anne-Josèphe Théroigne（1762—1817），也被称为Théroigne de Méricourt，法国大革命中的重要活动家，曾参加攻占巴士底狱行动。

读客女性主义文库

我知道一般大家都会称呼安妮-约瑟夫·戴洛瓦涅为戴洛瓦涅·德·梅里古。实际上，这一名字中的贵族姓氏"梅里古"是反大革命报刊为她编造的，只因她曾捍卫性别平等。1791年，报界针对她发动了一场卑鄙下流的攻击，动用了所有反女权主义的惯用伎俩，把她抹黑成放荡的疯子，并且把她出生的村庄名"梅里古"作为贵族姓氏强加在她名字的后面。

其实，安妮-约瑟夫·戴洛瓦涅在一开始并没有表现出"女权主义"的立场——当时并不存在"女权主义"这个词。但是她的斗争已经开始：大革命初期她在巴黎到处奔走，经常发表主张女男平等的言论，推动成立男女混合的俱乐部。当时大部分的俱乐部都只有男性成员，他们的腰部公然别着手枪或者军刀。

然而，在性别划分明确的旧制度下（1789年前的法国），武器、战斗和制服都独属于男性。可以证明这一点的是，如果要表现与现实相反的世界，版画家通常乐于描绘一个坐着的男人和一个站着的女人，男人膝盖上放着婴儿，手里拿着纺锤；女人则戴着头盔，腰上佩着剑，肩上扛着火枪。但依然还有少数女性在战斗。当丈夫不在时——或去世，或在其他战场，一些贵族女性为了保卫被围困的家园，会领导大家拿起武器抗击敌人。这样的场景一直给人一种独特、反常的感觉，但是大家还是接受了，因为参加战斗的都是贵族女性，而且这些战斗都是在防御，而不是在进攻。此外，如果说战争是男人的事，那么军队则并不完全是独属于男人的地方。旧制度下的军队包含文职人员，尤其是随军女眷。然而在混战中，偶尔也会有女性扣动扳机！还有一些年轻女人假扮成男人顺利混入了军队，只要不被发现，她们就会一直战斗下去。

然而法国大革命却排斥女人参军，反对她们使用武器。因为1789年后逐渐形成了一种新观念，即军队和国家武装力量必须由男性公民构成。从那以后，公民使用武器的权利和投票箱绑在了一起，女性则被排除在这两者之外。

很多女性对此不以为然。要知道，在当时那个年代，变革无论是以武力形式进行，还是以投票方式进行，都很常见，甚至大家对前者的感受更真实、更强烈。大革命时期的大多数女战士，要求获得的是武器而不是投票权。1790年后，法国各地都成立了亚马孙女战士俱乐部，拿着武器、穿着制服——尽管是短裙——的女性四处游行。就在安妮-约瑟夫·戴洛瓦涅发表演讲的几天前，一位山岳派[1]革命家、巧克力商贩波利娜·莱昂在国民议会的主席台上宣读了一份有320位女性签名的请愿书，她们要求使用"标枪、手枪、军刀（有能力使用步枪的女性可以使用步枪）"。这些倡议虽然是面对一触即发的

---

1 法国大革命期间国民公会中的激进民主派，因坐于会议大厅最左侧的高台上而得名。——译者注

战争而产生的爱国主义及革命反应，但其实也关乎两性权利平等问题。证据就是，3月25日戴洛瓦涅的演讲和莱昂的请愿书一样，表达的都是关乎解放和权利平等的诉求。

事实上，战争爆发后，顺利参军的女性比旧制度时期要多得多，有些是乔装成男人，但也有一些并没有乔装打扮，就以女兵身份出现。1793年春天，玛丽·莫雷尔加入军队后这样说道："我要把纺纱棒和纺锤留给那些只想待在家里的胆小鬼，我要拿起他的枪、他的军刀，替他上沙场。"军官们则在报告里抱怨道："营地里到处都是女人。"

对于女性的这些诉求和创举，男性的反应意味深长：他们明确赞扬这些革命女性的爱国主义精神，但是又坚称佩带武器是男性的特权，必须保持这种传统。议员安托万·德奥西·德·罗贝库尔发出这样的警告："我们必须小心，不要打乱这种自然秩序。自然创造女性不是为了让她们去杀戮，她们柔嫩的双手从来不是为了使用武器而生的。"1793年4月30日，为了明确这一点，国民公会投票通过了一项法令，规定"所有对军队事务无用的女性必须离开军营"。所谓"无用的女性"指女兵，所谓"有用的女性"指洗衣女工、女厨子，也就是那些性别化的角色。这一法令的影响在好几年后才会显现。

大革命时期的女性再次发起行动。1793年5月，波利娜·莱昂创立的女性俱乐部"共和与革命女公民协会"强烈要求女男平等，尤其是在军队中。1793年秋，历经艰难险阻，她们终于争取到了佩戴三色花配饰——公民士兵身份的象征——的权利。对国民公会的议员们来说,这一切实在太过了,他们到处散播消息:女人们要剪短头发,要穿裤子,很快,更可怕的事发生了,她们要求使用手枪和步枪!在一场声势浩大的演讲中,法布雷·德·埃格朗蒂纳在演讲台上大肆渲染女性使用武器的危险性,他把她们描述成"女投弹手"。同一天,在一家小酒馆,有客人担心一旦女人可以使用武器,她们就会杀害男人——正如前文所言,这是老掉牙的臆想!第二天,国民公会通过了《阿马尔法令》[1],剥夺了女性结社的权利。

整个19世纪,女性武装的问题被不断提出,首先是革命斗争中的武器配备问题。1830年或1840年,一些女性宣称自己有参加战争的权利,只是她们常常穿着男装。1870年至1871年冬天,巴黎被普鲁士士兵包围,再次有女性要求参加都城保卫战,还未等到具体的答复,她们就开始同国民自卫军并肩作战了——路易丝·米歇尔是戴洛瓦涅最有名的追随者。巴黎公社时期,同样的问题再次被提出。国际工人协会驻巴黎代表伊丽莎白·德米特里耶夫成立了"保卫巴黎和照顾伤员妇女联盟"。她们既是战

---

[1] 该法令由法国政治家让-巴普蒂斯特·阿马尔(Jean-Baptiste Amar)提出,目的是限制法国女性在政治和社会领域中的各项权利。

士，也是救护人员！1871年4月12日，在报刊《社会变革》上刊登的一篇题为《所有女人与所有男人》的文章中，女作家、记者安德烈·莱奥（笔名是莱奥迪尔·贝拉）呼吁让女性志愿者负责军队事务："如果女儿、妻子、母亲陪伴在自己的父亲、丈夫、儿子身边，那么巴黎拥有的不仅仅是对自由的热情，更是对自由的狂热。"女性的武装再一次被视为捍卫大革命的本能反应，但更与争取解放的斗争密切相关。女性受到了普通男兵的欢迎，却被男军官排挤。和1793年的法令一样，巴黎公社有一项法令规定：女性不可以进入战场。安德烈·莱奥在报刊《社会变革》上对此表示愤慨："难道有人觉得没有女人也可以搞革命？八十多年来我们一直在努力争取，但是依然没有实现我们的目标。"奇怪的是，在"五月流血周"的紧急状态中，许多女人牺牲时手里都拿着武器。20世纪初，马德莱娜·佩尔蒂埃[1]，一位专业的

---

[1] Madeleine Pelletier（1874—1939），20世纪法国第一波女性主义浪潮的核心人物，领导了女权主义团体"女性团结"，撰写了《妇女为自己的权利而战》一书，创办了杂志《参政权扩大论者》（*La Suffragiste*）。"Suffragiste / Suffragist"（参政权扩大论者）与另一个词"Suffragette"（妇女参政论者）有一定的区别。在历史语境中，二者不可进行互换。英文"Suffragist"指通过温和运动来支持妇女选举权的人，而"Suffragette"一词最先出现于英国的《每日邮报》中，"-ette"的后缀不只表明阴性性别，也带有轻蔑、较不必要的意味，旨在贬低妇女及其争取选举权的行动。女权主义者们决定自己使用这个词语，重新赋予其意义。
在英国女权史上，前者通常指米利森特·福塞特领导的"妇女选举权社会联盟"（NUWSS）的成员，这是一个非暴力合法政治协商组织。后者指埃米琳·潘克赫斯特领导的"妇女社会和政治联盟"（WSPU）的成员，这是一个激进组织，常通过一系列激进行动要求选举权。——译者注

精神科医师、坚定的女权主义斗士,接过了这百年斗争的接力棒。1908年,在杂志《参政权扩大论者》的一篇文章中,她要求女性以"士兵"的身份进入军队服役,这立刻引起了公愤!作为反军国主义人士、和平主义人士,马德莱娜·佩尔蒂埃怎么能要求女性参军?她不仅受到了反女权主义者的攻击,而且受到了她所在阵营的和平主义者的攻击。事实证明,当时的和平主义者依然深受性别歧视的影响。社会主义者及和平主义者古斯塔夫·埃尔韦驳斥了马德莱娜·佩尔蒂埃的要求:"如果女人们都去参军了,男人就得在家做饭、带孩子。"显然,他还深受男主外女主内观点的束缚!佩尔蒂埃以自己女权主义的立场进行了辩护:她当然反对军队和战争,但是只要军队和战争存在,就不可以把女性排除在外!20世纪20年代,女斗士埃莱娜·布里翁和阿里亚·利都表示支持马德莱娜·佩尔蒂埃,她们两位也是坚定的和平主义者。其他一些人,比如记者玛格丽特·迪朗[1],希望女性承担一些辅助性的军队工作。小学教师玛丽亚·韦罗娜则认为,战争时期只征召男性入伍,表现了一种"违背民主制度的不公平"。

更重要的是,马德莱娜·佩尔蒂埃捍卫的是女性及女权主义者自我保护的权利。她写道:"女性在夜晚外出或者乡间散

---

[1] Marguerite Durand(1865—1936),法国记者、政治家,《投石器报》(*La Fronde*,1897—1905)的创始人。该报是法国第一家完全由女性撰写、出版和经营的报纸。

步时应该习惯带上手枪。手枪不仅可以在危急关头派上用场，而且可以让女性内心更加强大。仅仅感觉到它在身边，就可以让女性更加勇敢。"（佩尔蒂埃可是一位精神科医师！）

直到第二次世界大战结束后，法兰西共和国才同意女性可以佩带枪支。1914年至1918年，女性及女权主义者要求成立女性辅兵部队，但是这一建议最终没有被采纳。一旦涉及女性武装问题，引发的就不仅是女性"男性化"的性别刻板印象，还有关于女性参军可能会影响民族持续发展、导致出生率下降等问题的讨论。然而，男性参军导致的生育率下降问题却从未引发大家的讨论！

第二次世界大战时期，法国的自由军（FFL）同意组成一支女性志愿军部队（CVF）。自由军大约有5.9万名士兵，其中包括430名女性，但她们都被刻意排除在战斗之外，被禁止携带武器。一开始还有人教她们怎样射击……但之后却剥夺了她们的武器，只让她们负责通信、文秘、护理和做饭等工作。值得注意的是，1941年决定成立女性志愿军部队的法令表明，只要是"不改变"女性性别属性的工作——包括战争中的此类工作，女性就可以替代擅长打仗的男性。

但是，游击队、抵抗运动给予了女性更多的位置。诚然，工作的划分依然是根据性别决定的，女性主要承担情报及其他后勤工作，如掩护、送信、做饭等，但还是有一些女性参加了作战。拿着枪的西蒙娜·塞古安的照片是独一无二的存在，这也是女性参加抵抗运动的象征。塞古安是一位法国女兵，参加了法国狙击队与游击队组织（FTPF），是参加巷战的少数女性之一。

这些先驱者参加战斗的事迹在战后很长一段时间里不仅被大家忽视，还受到诸多批评：她们之所以要进入这个男性世界，无非是因为她们都是性欲亢进者、同性恋或者无性人。

战后一系列与女兵相关的法律条文都表明女性很难被纳入正式的军队组织，她们被编入军队的日期一推再推，且从来不会收到明确的解释。1957年，瑟堡的一位读者就当地一份报纸提出的女性参军问题做出了如下回答："女兵是一种没有性别特征的混杂物，与家庭中的天使女性形象差别甚大……女人最美好的角色难道不就是为人妻、为人母吗？……请您待在您自己该在的位置上，拿枪打仗这种事就留给您的儿子和丈夫吧。"

由此可以看出，社会的偏见是多么根深蒂固。

如今，哪怕军队人员中有百分之十二的士兵为女性，哪怕她们被派往前线，还是很少有人觉得穿着军装的女性可以和男性一样战斗。1971年以来——是的，从这一年才开始，每年的7月14日，女兵都会在香榭丽舍大街上与男兵一起列队行进。

这个时候，电视上就会评点她们的裙子长度、妆容或者步伐是否整齐。

然而，罗贾瓦[1]库尔德军队中的女兵组成了女兵纵队[2]，她们似乎对一两百年前的戴洛瓦涅、莱昂、米歇尔和莱奥等女性做出了回应："我们自己领导自己的武装力量与政治力量。我们不站在男人的影子里进行革命。"

---

[1] 叙利亚的地区名，被库尔德人视作自治区域。——译者注
[2] 即"妇女保护部队"（YPJ），目前女兵人数1万左右。该部队主要对抗极端组织"伊斯兰国"（ISIS）。

参考资料

这篇文章主要建立在多米妮克·戈尔迪诺[1]所作的重要研究的基础上,包括关于纺织女工的书,以及《从女战士到女公民:旧制度时期和法国大革命中的持枪问题》(《克利俄:历史、女性与社会》2004年第20期,该期刊的副标题后来改成了"女性、性别与历史")。我也从马夏尔·普瓦尔松主编的《女战士:西方女性暴力史》(瑟伊出版社,2020)中获得了很多启发。关于巴黎公社时期的女战士,埃迪特·托马撰写的《纵火的女人》一书(第一版出版于1963年)带给我愉悦的阅读体验。博客"性别与战争"(hypotheses.org)提供了大量关于这些问题的珍贵资料。我也阅读了埃洛迪·若诺关于20世纪女兵的一系列研究论文。本节最后一句话引用自对指挥官狄罗万·科巴尼(Dilovan Kobani)的一篇采访(阿尔贝托·西利尼撰写的《西方梦寐以求的武装女性主义》,纳沙泰尔大学新闻与传媒研究院网站,2017年12月19日)。

---

1 Dominique Godineau,生于1958年,法国历史学家,主要研究革命运动中的女性。

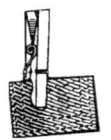

武装自己的权利

1792年3月25日（法国大革命爆发后的第四年），安妮-约瑟夫·戴洛瓦涅在小兄弟会上的讲话。

在演讲的开始，戴洛瓦涅介绍了当时大革命较为紧张的局势，既有内战与外国入侵的危险，又有反革命的威胁。之后她发表了以下讲话：

女公民们，我们可以通过慷慨的奉献精神戳破这些阴谋诡计。让我们拿起武器，这是我们与生俱来的权利，也是法律赋予我们的权利。让男人们看看，我们并不比他们差，无论是品德还是勇气都不输给他们；让全欧洲的人看看，我们法国女人深知自己的权利，我们的思想可与18世纪的启蒙思想比肩。让那些偏见见鬼去吧，它们荒谬且不道德，它们把我们的美德视为罪行，正因如此，才说它们是偏见。政府为了重获公众信任所作的努力只不过是陷阱，我们要抵抗到底，因为只要我们的行为方式与法律不一致，他们就会挑我们的刺，把我们再次囚禁起来。很简单，你们要保持警惕。为了阻碍我们，他们会派出谩骂者，收买蹩脚的记者，用嘲笑和诽谤作武器，使出一切无耻的男人们为了扼杀柔弱的灵魂所具有的爱国主义热情而惯常使用的卑劣手段。

但是，女同胞们，现在，启蒙时代的进步思想要求你们思考，请把我们如今所处的地位与我们在社会秩序中应有的地位比较一下。要了解我们的权利和义务，就必须倚赖国家的仲裁，在它的引导下，我们才可以将公平与不公平区分开来。倘若我们完全可以变得更好，而且应该变得更好，那么又有什么能妨碍、阻止我们变得更好呢？我们要拿起武器，因为我们时刻准备着捍卫自己的权利，保卫自己的家园。如果我们在被奴役状态下沾染的怯懦依然在极大地阻碍我们变得更加强大，那么我们对自己就是不公正的，同时我们对祖国也没有尽到责任。

女同胞们，我要重申这一点：让我们奋起反抗我们的命运，打破我们身上的枷锁！女性是时候从可耻的被奴役状态中走出来了，长久以来，男性的无知、傲慢与不公将我们困于其中。让我们回到我们母辈的时代，即高卢女性和骄傲的日耳曼女性的时代，她们在公共集会上磋商大事，与自己的丈夫共同作战，赶走共和国的敌人。女同胞们，我们的身体里流着同样的鲜血。10月5日、6日，我们在凡尔赛所做的事，以及在其他众多重要、关键的场合所做的事，都证明了我们对崇高的情感并不陌生。因此，让我们振奋精神！因为，我们若想保卫自己的自由，就必须准备好做最为崇高的事。当下，由于社会风气败坏，这些事对我们而言似乎极其特别，甚至似乎很难实现。但是，不久之后，随着民众精神的发展以及启蒙思想的传播，这些事对我们而言将变得简单而容易。女公民们，为什么我们不和男人们一争高下？难道是因为他们声称只有男人拥有获得光荣的权利？不，不……我们也一样，我们也想要赢得公民王冠，也想要拥有为自由而死的荣誉。或许，自由之于我们更为珍贵，因为专制的暴虐更多地落在我们的头上，而不是他们的。是的，宽厚的女公民们，所有听到我讲话的姐妹们，让我们拿起武器，让我们每星期去香榭丽舍大街或者战神广场操练两三次，让我们打开法国亚马孙女战士的名册，希望所有真正热爱祖国的女人们都能加入进来。之后我们将聚集在一起，共同商讨建立军营的方法，比如可以参照学生营、老人营或者底比斯圣军的做法。最后，请允许我向圣安托万郊区的女公民们献上一面三色旗。

从卫生巾到节育环：20个物品见证女性主义200年

你永远能在墙壁上看到我们的支持

　　白色A4纸，黑色印刷体大写字母，居中对齐，一行行句子，一个个口号，一声声对行人的呐喊，这一切就在我们城市街道的墙壁上。2019年，最初贴上去的字报仿佛在愤怒又沮丧地吼叫，其控诉的对象是亲密伴侣的暴力及国家的不作为。

　　她离开了他，他杀死了她。
　　莫琳，28岁，被男友殴打致死，
　　这是第28起针对女性的暴力伤害事件。
　　塞利娜，被丈夫推出窗外，
　　这是第19起针对女性的暴力伤害事件。
　　我们不愿再清点死亡女性的数量。
　　暴力伤害女性，国家难辞其咎，司法是其共谋。

　　这些字报向我们诉说了什么？死者的名字，冷冰冰的数字，张贴在所有男人和女人面前，墙壁变成了墓碑。这是献给逝者的纪念物，夹杂着致敬、原谅、指控和对女性的纪念。

市政府后来做出了退让，一些墙壁变成了纪念碑，上面有名字，也有数字，还有百分比——针对女性的暴力伤害事件中，41%的受害人都曾报告过自己一直遭受暴力伤害。91%的性侵案中，被性侵的女性认识施暴的性侵者。17岁以下的法国女性中，82%的女性曾遭遇过性骚扰——街头发生的欺凌事件，要比法国电视一台的新闻节目报道的多得多。

就这样，很快，墙壁上的这些信息变成了传递呼吁解放、具有战斗精神的姐妹情谊的载体：

坚强而骄傲。

光明的女战士。

革命必将是女性主义的。

墙上的文字表达了支持那些曾遭受家庭暴力、性暴力、性别暴力和性别歧视的受害者的姐妹情谊，揭露了父权制、大男子主义、性别歧视、种族歧视、恐伊斯兰、恐同性恋、肥胖歧视、跨性别歧视、残障人士歧视等问题。贴在墙上是为了被看到，是为了争取权利、揭发施暴者，**是为了与全世界的女性结成联盟**，彼此声援。虽然有时候标语本身并不是女性主义的，但是印着黑色字母的A4纸已然成了一种标志性存在。

女性主义拼贴字报是一种占领墙壁的方式，这些墙壁之前大多由男性主导。第一张由女性签名的拼贴字报出自法国大革命时期的奥兰普·德·古热[1]之手。1792年，她在海报上表示自己有资格为路易十六辩护。她还制作了其他拼贴字报，但没有怎么吸引到革命同胞。在1830年和1848年，妇女们创立了几份报刊，她们在上面刊登不同形式的海报，主要用于俱乐部聚会，而没有注意到墙壁的功能。巴黎公社女社员更多地利用了墙壁，她们粘贴了好多关于"保卫巴黎和照顾伤员妇女联盟"的海报。但是，无论是女性在巴黎公社的活动，还是她们的男战友对墙壁的利用，粘贴字报这种方式一直都居于次要地位。妇女参政论者在参加选举的时候，会更多地使用这种方式，比如1910年参加国民议会选举的于贝蒂娜·奥克莱尔[2]、玛格丽特·迪朗、卡罗琳·考夫曼、马德莱娜·佩尔蒂埃。有一幅讽刺画甚至描绘了玛格丽特·迪朗自己粘贴选举海报的场景，她把自己那只名叫"老虎"的母狮子的尾巴当作刷子！

---

[1] Olympe de Gouges（1748—1793），法国文学家，法国女权运动先驱。她于1791年发表了《女权宣言》，其中所有条款都与《人权宣言》（1789）相同，但是条款内所有的"男性"都用"女性"予以替换。
[2] Hubertine Auclert（1848—1914），法国记者、作家、女权运动活动家，法国妇女理事会（CNFF）创始人之一。她是法国女权运动历史中的核心人物，创办了第一家主张妇女参政的报刊《女公民》（*La Citoyenne*），一生致力于推动妇女的选举权和被选举权。

工具包

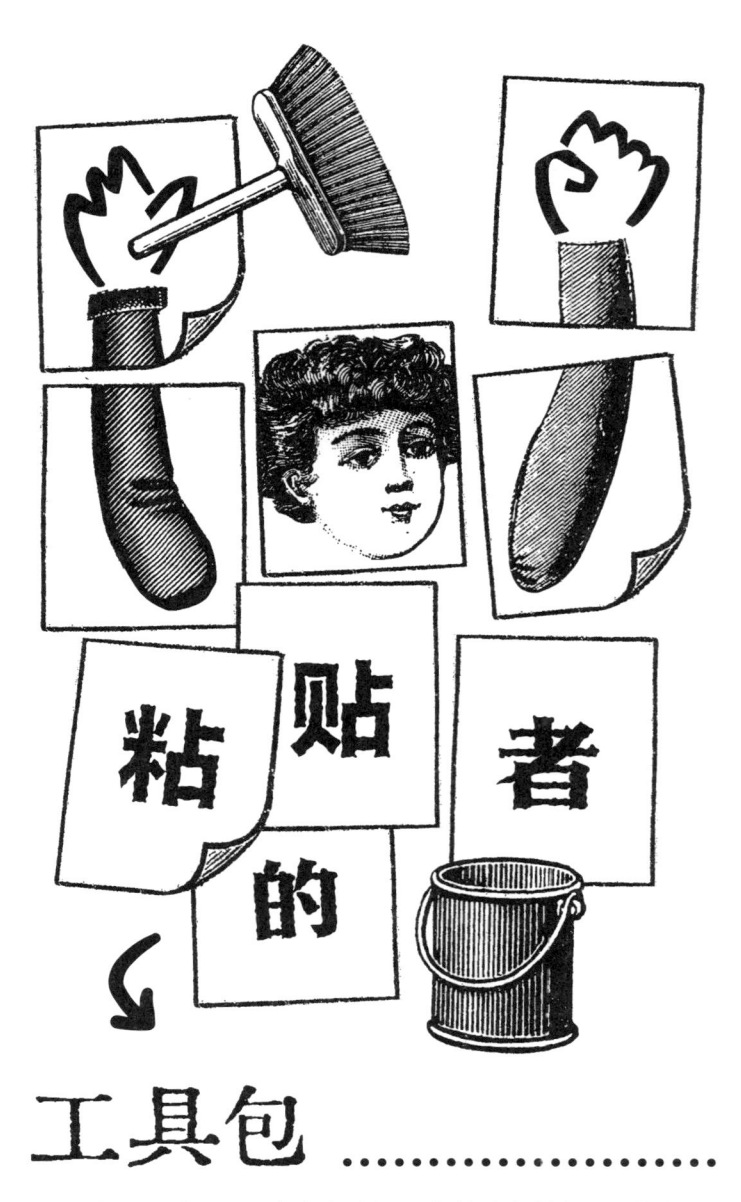

包括胶水、刷子和写有文字的纸,女粘贴者用它来反抗针对女性的暴力伤害。

féministe

两次世界大战之间,路易丝·魏斯[1]在墙壁上留下了风格简洁又令人震惊的红色大字海报"法国女性必须投票",让许多人印象深刻。此外,支持自愿终止妊娠权利的组织,比如争取堕胎与避孕自由组织、法国计划生育组织,也给我们留下了十分精彩的海报。

通过占领墙壁,女粘贴者也夺取了空间,那里粘贴着大量带有性别歧视意味的广告海报。因此,读读这些话肯定没有什么坏处:"停止肥胖歧视",或者,"**女人并不是消费品**"。这些文字的旁边就是女性内衣广告——上面展示的是依照男性欲望精修的身体照片,充满情色意味的姿态,少得不能再少的布料。

就这样,女性主义者攻占了墙壁,要求收回对它的所有权:

> 我们在你们的墙壁上留下愤怒。
> 我们在你们的墙壁上留下鲜血。
> 我们既不会抹除墙壁上的字,也不会剃掉阴毛。
> 你永远能在墙壁上看到我们的支持。

---

[1] Louise Weiss(1893—1983),法国记者、女权活动家、欧洲议会的法国议员。

但是，除了墙壁之外，更需要夺取的是街道、公共空间！**街道是属于我们的！**——经常出现的一幅拼贴字报发出这样的呐喊。我们很清楚，太多的女性被排斥在街道之外。女性走出家门[1]，在男性占据的街道墙壁上书写。公共空间和私人空间的陈旧划分因此受到了极大冲击。而她们首先要揭露的，就是家庭暴力，而大家往往都不想把这种丑事传出家门。

街道本身也是危险的，大家都叮嘱女性要谨慎，要小心，不要逗留太长时间，或者行走时必须有男性的保护和陪伴。停，别说了！**为什么女性不能晚上去大街上闲逛？** 印刷的白纸黑字发出这样的诘问。**若我想出门，我就想要自由自在地行走，而不是壮起胆子才能出门。** 以小组的形式粘贴字报的行为正是对大街的重新占有，也是对一种极其性别化的实践活动的重新占有。因为，在政党与工会那里，深夜粘贴字报具有战斗意味，是绅士应当负责的事。这是充满男子气概的战斗小说塑造的刻板形象之一。

女粘贴者偷偷去往的大街都是以男性名字命名的——96%的公共街道都以男人的名字命名——其他一些女性主义者想

---

[1] 原文是"oikos"，希腊语中指家庭领域。——译者注

方设法更改这些路名,她们在正式的路牌上贴上贴纸,贴纸上的字体和城市街道路牌上的字体一样,但上面写的是女性榜样或者遭受男性暴力的女性受害者的名字。

夺取墙壁,夺取街道,夺取话语权,粘贴的标语可能会引起消极的反应。被撕掉,被揭发,被篡改,被歪曲——**我们相信你变成了我们不相信你**。这样的标语会被修正或被再次粘贴,它们充满了讽刺、控诉和执着:

只有当你们停止强暴我们,
我们才会停止粘贴。

撕掉我们标语的你,
你是否做了什么需要自责的事?

粘贴的字报是一种物质性的存在,根植于现实,但其实它们的出现也得益于虚拟的存在。女粘贴者以及路过的男男女女拍下这些文字海报的照片,继而流传开来。合成摄影甚至可以让粘贴的标语不断地传播到各地,哪怕是在隔离区或者宵禁区!社交网络也有利于技术与建议的传播,比如"照片墙"用户@tips_de_collage整理了各种提升粘贴效率的建议:"袋子里多装一些常用字母""纸张要按照顺序用塑料胶带粘起来"。这些建议可以帮助不同的人群在各个地方进行粘贴活动。

一般大家都认为这一运动是由前女权组织"Femen"成员玛格丽特·斯特恩于2019年率先提出来的。在这一组织成立之后，涌现了十几个甚至几百个类似的组织，但在2020年因为其反跨性别者的立场，"Femen"这一组织失去了威信。2019年，拼贴字报这种形式看似极其新颖，就像是一封写在A4纸上的信，但实际上，在此之前已经有人使用海报来揭发、命名和呈现针对女性的暴力事件及相关的受害者。从好几年前开始，各种不同的社会团体就以海报的形式来揭发针对女性的暴力行为，尤其是女性受害事件。一位网名为ValK#InactionDirecte的女摄影师曾在巴涅奥莱的非法建筑"特兰斯佛"[1]里找到一些粘贴于2013年的无政府女性主义字报，在清理干净的墙壁上写着这样一些话："给加害者越多的空间，我们的空间就会有越多的加害者""不要相信我们的沉默，但要相信我们的愤怒"。这些都是印刷字体组成的标语，旁边还有文字说明，讲述针对女性的暴力事件。这些粘贴行为当时已经引起了一些批评，但女性主义者进行了自我辩护。她们解释说，她们拒绝"任何机构的任何调解与任何权威"，她们主张直接行动和自我防卫，尤其要借助拼贴字报这种形式。2016年11月，在国际消除对妇女暴力日，女性主义社会团体

---

[1] 巴涅奥莱（Bagnolet）是法国法兰西岛大区塞纳-圣但尼省的一座小城，特兰斯佛（Transfo）是位于该城共和国大街57号的一座四层楼建筑，是许多文化活动和社会活动的发生地。——译者注

"失眠"用手绘的100幅海报替代了巴黎公交站台的广告——主要是那些带有性别歧视意味的广告。这些手绘海报用黑色手写体写出受害女性的名字、年龄、死亡日期和死亡状态,用红色字体做了这样的说明——"本年度第×件针对女性的暴力伤害事件",这正是2019年首批拼贴字报的形式。也就是说,斯特恩使用的拼贴字报形式其实由来已久,只是她似乎从未提及这一点。

拼贴字报形式上的一致性,给人的感觉就像是一支看不见的军队——**性别歧视无处不在,而我们也无处不在**。这些海报把分散在全国各地的群体——一开始只涉及大城市,后来遍布各地——团结在一起,形成了虚拟的共同体。一些群体是按照其所在地命名的,比如马赛或里尔的反对针对女性的暴力伤害的粘贴团体,也有一些群体是以其他特征命名的,比如犹太的"粘贴者"、遭遇种族歧视的有色人种、跨性别者、性工作者、残障人士及精神障碍患者的团体。这些小组的成员主要都是女性,但是也有一些男性,这就是为什么大家常常会使用"colleureuses"(粘贴者们)这个词,因为这个词其实是删掉了"colleur·euses"[1]中间的圆点。这些社会团体聚集在写作工作坊,思考口号,准备A4纸,深夜出去把字报粘贴在墙壁上,有时还会参加女性主义游行——比如11月末反对针对女性暴力

---

[1] "colleur"指男性粘贴者,"colleuse"指女性粘贴者,"colleureuse"把前面两个词的词尾合并在了一起,指所有的粘贴者。——译者注

伤害的游行，或者是反对当时被控强奸罪的热拉尔德·达尔马宁[1]去内政部任职，反对被指控暴力性侵女性的波兰斯基获得法国电影凯撒奖。游行中随处可见大量的标语牌，游行者大声喊着"我们失去的女性"的名字。许多鼓励女性社交与女性主义意识觉醒的空间在各地势如破竹地发展着，许多信息引人关注。

有一幅字报发出这样的呼喊：**男人们觉得他们可以把我们从历史中抹除，那就让我们重写历史！我的姐妹们，我会为此竭尽全力！**

---

[1] 2018年1月，达尔马宁被控涉嫌犯下强奸罪和性骚扰罪。案件原告索菲·帕特森说，达尔马宁曾在2009年利用其司法委员会成员的身份性侵了她。2020年7月8日上午，十余名抗议者聚集在法国内政部门前，高喊口号反对达尔马宁的人事任命："达尔马宁是强奸犯，国家是同谋。"

参考资料

我建议您查阅"巴黎反对针对女性的暴力伤害的粘贴团体"的书《我们的愤怒刻在你们的墙上》（德诺埃尔出版社，2021），以及德尼·圣-阿芒的文章《她离开了他，他杀死了她：女性主义拼贴字报，一种野蛮文学》，这篇文章发表于网站"法布拉"（Fabula）的"文学理论工作坊"栏目。劳拉·赞玖正在那慕尔大学完成她的博士论文《涂鸦、拼贴字报与横幅：法国抗议活动中野蛮书写的社会诗学（2016—2022）》。2022年11月，西蒙·德帕尔东和玛丽·佩雷内斯导演的纪录片《女性主义的反击》（*Riposte féministe*）上映，这部精彩绝伦的纪录片追踪拍摄了法国各地的多个女性粘贴者团体，让她们发声，让观众更深入地了解这一运动。一位名为"Transfo"的女性主义者撰写了关于反对暴力伤害女性的拼贴字报的文章，该文章可以在combiendefois4ans.blogspot.com网站上看到。这个网站其实是"个人博客，它主要用于发表并传播关于朋克圈、亚文化、左翼阵营以及性少数群体中存在的性别暴力的文章"。

读客女性主义文库

《光明的女战士》

词、曲：玛蒂尔德

©拉乌尔·布雷东出版社

玛蒂尔德创作的这首歌曲是由粘贴在墙壁上的标语组成的，这首歌的音乐短片同步呈现了歌词中的标语。此外，还引用了演员、女性主义者德尔菲娜·塞里格（Delphine Seyrig）的几句话。

德尔菲娜·塞里格："我觉得，一旦我的幸福需要倚赖男人，我就变成了奴隶，我就不再自由。"

夜晚？我们粘贴！
白天？我们斩除妖魔！
在真实的生活中，在网络上，
我们都准备好以死抗争。
强奸犯！颤抖吧！我们知道你就是加害者！
你在想什么？
我们，我们在看着你！

我们，我们不会放过你，
因为，你要知道，我们，
我们，我们并不是乖乖女，
更不是水性杨花的女人。

我们，我们只是一群"坚定的女人"，
坚信自己有权利，
至少，有着和你一样的权利！
如果我们的权利不被赋予，
我们当然就要夺取，
从父权制那里，从占据统治地位的男人那里，
从阴茎那里，男人公然站在性别歧视金字塔的顶端，
那些如此有特权的家伙，还自以为能够驯服我们……

只是，你知道，我们，我们大家，我们，我们大家
都是光明的女战士，
坚强而骄傲！
强大而无畏的女斗士！
与我们愤怒的姐妹团结一致的女战士！

女性革命!

我们都是英雌!

黑夜?我们战斗!

我们打击发情的男性:

在小巷里,在地铁里……

不让浑蛋们有丝毫喘息的机会!

白天?我们游行!

去他的,自以为是的父权制!

别吃惊,该还债了!

女性的时代,就是现在!

因为,我们是,**没错**,

没错,就是我们,我们是女性主义者。

没错,激进的女性主义者,

不管怎样,这很寻常!

我们做的只是保护自己

不被极端自由主义的怪物伤害。

怎么可能不厌男?

在这样一个禁锢自由的世界,

在这样一个侵害女性的世界,

这个世界时刻都在寻找机会

侮辱我们的尊严!

它觉得可以让我们臣服，

它觉得可以占有我们，

它觉得可以击垮我们……

只是，你知道，我们，我们大家，我们，我们大家，

我们，我们大家，

都是光明的女战士，

坚强而骄傲！

强大而无畏的女斗士！

与我们愤怒的姐妹

团结一致的女战士！

女性革命！我们都是英雌！

女战士！女战士！

女战士！女战士！

德尔菲娜·塞里格："是谁把女性困在家里？是谁在强奸女性？为什么女性不可以走在深夜的大街上？是谁在强奸女性？是谁把女性困在家里？"

光明的女战士

坚强而骄傲！

强大而无畏的女斗士!
与我们愤怒的姐妹
团结一致的女战士!
女性革命!
我们都是战斗的英雌!

纸质投石器

自法国大革命以及言论自由受到充分肯定之后,报刊成了日常生活中不可或缺的事物。报刊的种类不断增加,编辑队伍扩大,这一职业也日益专业化。报刊的发行量激增,读者群日益扩大,无论是集体还是个人的阅读习惯都日渐确立,以至可以说,19世纪后半叶至20世纪中期之间存在着报刊文化。但这是一种男性文化,一种由男性主导、为男性创造的事物。因此,女性不得不为了获得书写甚至是阅读报纸的权利而斗争!诚然,女性很早就明白了报刊对于传播自己的思想,以及在公共空间获得一席之地具有重要的意义和作用,但是男性很快就想尽办法把女性孤立在最边缘的位置,继而利用报刊传播性别化的世界观。"墨水不适合玫瑰般柔嫩的手指。"1797年,蓬斯-德尼·埃库沙尔-勒布伦在《缪斯年刊》中这样写道。但是,女权主义者打定主意要弄脏自己的手,每一次女性主义浪潮的兴起都伴随着相关报刊的流行。

女人们最初为了能够在报刊上发表文章而斗争，她们要么强行冲破男性编辑部的大门，要么创办自己的报社，这些报社从一开始就表现出了她们的前卫和现代性。这些女人之所以战斗，是为了能够谈论女性，谈论她们的生活和工作环境，谈论她们的斗争，是为了让女性有权谈论那些似乎是男性专属的一般性话题。她们不断揭示并反击许多报刊中的性别刻板印象，以及其中塑造出的女权主义者的负面形象。

最早由女性创办的报刊诞生于19世纪初，当时的社会环境十分恶劣，因为拿破仑·波拿巴掌权后，可怕的性别秩序再次回归：《法国民法典》将婚姻中的男性支配合法化（参看第97页《〈法国民法典〉与女权主义者的巫魔夜会》）；医学界竭力宣扬自然主义的观点，肯定性别上的等级关系。于是，一些女性决定利用印刷文字来抵抗父权制的攻击。

为了实现这一目标，出现了两份报纸：《女性的雅典学院》（*L'Athénée des femmes*）和《女士小店》（*Le Petit Magasin des dames*）。前者是半月刊，创办于1808年，索菲·德·雷恩维勒、博福尔·德·奥普勒伯爵夫人以及康斯坦丝·德·扎尔姆等女作家都曾在上面发表文章。后者是年刊（1803—1810），在上面可以看到扎尔姆女士、福蒂内·布里凯和玛丽-埃米莉·德·蒙坦克罗署名撰写的文章。仅仅是通过书写、发表文章，这些女性就否认并打破了既定的社会秩序。诚然，必须巧妙地应对政治和性别的双重审查，因为帝国政权无法容忍批

报刊

定期发行的刊物，刊登新闻报道或对政治、社会、经济等新闻进行评论。

判性话语，更不可能容忍女性的批判性话语。因此，这两份报刊的自我定位是文学刊物，主要关注艺术问题，不涉及政治，这样才能自由地讨论性别问题。女编辑更喜欢悄悄地致敬女作家、女学者，如德·塞维涅夫人[1]、埃米莉·德·沙特莱[2]，以肯定女性的聪明才智。此外，这些报刊包含一些具有公然挑衅意味的女权主义言论，例如反对《法国民法典》，支持教育权，宣扬男女生而平等，但这些言论巧妙地隐藏在了文学性的文章中，以此来骗过审查员。这些女作家偶尔也会为了他们专门撰写一些歌颂皇帝的文章，这就像为了让孩子听话给他一颗糖，也是一种策略。另一种表达观点的策略是，把这些观点巧妙地放进读者来信，并立刻——可能也是为了取乐——表示自己反对这一观点。

1830年的七月革命和圣西门主义（这一社会主义思潮始于19世纪初，关注并要求阶级平等和性别平等）分别打开了缺口，女性得以再次在报刊界大展拳脚。因为，此前根据法律规定，如果没有男子一起——哪怕仅仅是作为文章发表的借用名——女子不得在报刊上发表文章！1832年10月，《自由女

---

[1] Madame de Sévigné（1626—1696），17世纪法国著名书信作家，其书信作品集收录的多是写给女儿的书信，言辞恳切。
[2] Émilie du Châtelet（1706—1749），18世纪法国杰出的数学家、自然哲学家。她翻译了牛顿的作品《自然哲学之数学原理》，并通过大量评注进一步分析、支持牛顿的万有引力定律。该作品至今仍是法语的标准译本，也是唯一完整的译本。

性》（*La Femme Libre*）第一期在巴黎发行，由支持圣西门主义的女工让娜·德鲁安[1]、玛丽-雷内·甘多尔夫和德西蕾·韦雷[2]主编。她们只写上了自己的名字，只有名字是属于她们自己的，而姓氏要么来自父亲，要么来自丈夫。这份报纸更像是小册子，发行的周期并不规律，并且多次改名，于1834年停刊，但它在女权主义历史上依然具有划时代的意义，因为它是第一份明确承认由女权主义者主导的报刊。1833年，另一位圣西门主义者、作家欧金尼娅·尼布瓦耶在里昂发行了九期报刊《女性参考》（*Conseiller des femmes*）。同时，她还和社会主义者弗洛拉·特里斯坦一起创办了《妇女公报》（*La Gazette des femmes*，1836—1838）。这份报纸的出版方针具有鲜明的女权主义色彩，早在那个时代，它就把女作者称为auteure[3]，以捍卫一种平等写作。复杂之处在于，虽然报纸上写着社长是玛丽-马德莱娜·普特雷·德·莫尚，但实际上是其丈夫弗雷德里克·埃尔比诺·德·莫尚借用了她的名字，而且她在期刊的运营中可能并没有发挥重要的作用。这个案例令人惊讶，一个毫无疑问具有女性主义思想的男性，由于法律纠纷而被禁止创

---

1 Jeanne Deroin（1805—1894），法国女权活动家，法国大革命期间的杰出人物。
2 Désirée Véret（1810—1891），法国社会主义女性主义者，《女性论坛报》与《女性之声》的创办者之一。后文出现的德西蕾·盖伊（Désirée Gay）是其婚后姓名。
3 法语中的"作者"一词为auteur，一般只有阳性形式，指男作者。auteure是该词的阴性形式，指女作者。——译者注

办报纸，因此借用了女性的名字。至于弗洛拉·特里斯坦，她还创办了《工人联盟》，这份报刊要求改善工人条件与妇女解放。1848年春天，在即将发生二月革命的巴黎，德鲁安、尼布瓦耶、德西蕾·韦雷与支持圣西门主义的女工苏珊·瓦尔坎、教育家埃莉萨·勒莫尼耶一起创办了《女性之声：社会主义与政治日报》（简称为《女性之声》），这一报刊以捍卫全体女性的利益为宗旨，第一期的社论就号召女性积极发声、写作，以免自己被排除在社会新秩序之外。它还介绍自己"是第一个，也是唯一一个为女性提供的演讲台"。《女性之声》的印刷商也是女性：维多琳·克勒佐！

这些不同的报刊由于资金短缺很快就停刊了，但同一时间，其他女性试图在男性报刊世界中获得一席之地，尽管很少有人成功。这些女性必须使用男性笔名，比如乔治·桑[1]的本名是奥萝尔·迪潘，丹尼尔·斯特恩的本名是玛丽·德·阿古[2]，保罗·瓦西里或夏尔·德·莫雷尔的本名是朱丽叶·亚当[3]。她们之所以能够发表文章，是因为她们已经依靠笔杆子享誉文坛，或者是因为得到了社会与家庭的支持，比如德尔菲娜·德·吉拉尔丹的丈夫埃米尔是好几家报社的老板。即便如此，这些女性仍然常常被边缘化，她们的文章放在最后几页，

---

[1] George Sand（1804—1876），19世纪法国最著名的浪漫主义作家之一，与雨果、巴尔扎克齐名，代表作有《安蒂亚娜》《魔沼》等。
[2] Marie d'Agoult（1805—1876），法国浪漫主义作家、历史学家。
[3] Juliette Adam（1836—1936），法国作家，于1879年创办了《新杂志》。

放在大家普遍认为与她们的性别气质相契合的专栏里，即那些关于时尚、沙龙、社交、艺术与文化的专栏。这些文章往往具有"女性"风格：语调轻盈，形式为对话、书信或者私密写作，不过乔治·桑也创作小说。而德尔菲娜·德·吉拉尔丹则懂得如何巧妙利用这些限制，她会在两段描写舞会礼服的文字之间插入一些关于政府部门调整或者外国人民起义的评论。

1866年7月5日，《自由报》头版刊登了玛丽·德·阿古（当然是以笔名丹尼尔·斯特恩发表的）的一篇文章，标题是《战争与公众观点》，这是女性历史上，也是文学史上的极其重要的时刻，但这种情况在很长一段时间里是独一无二的。毫无疑问，玛丽·德·阿古在报刊界具有的影响力是其他女性都不可比拟的。她代表了一种政治声音，讨论的是通常只有男性才能讨论的话题。为了获得这个特殊的荣誉地位，玛丽·德·阿古（丹尼尔·斯特恩）不得不"假装"具有男子气概，她采用严肃的风格——换言之，一种浮夸的风格，即引用大量的引文、名人典故和参考文献，而且常常表示自己不会在女艺术家面前退让，不会与她们站在一边（也不会对她们表现出姐妹情谊），以表明自己的立场。但是，她并没有因此就免受性别歧视的抨击，朱尔·巴尔贝·德·奥勒维利曾以讽刺的语气说道："斯特恩女士每次写完文章后都会这样思考一下——'我这样写够男人吗？'"很快，她又被排挤到了"杂闻"专栏。

在第二帝国末期，莱昂·里歇尔创办了报刊《女性权利》（*Le Droit des femmes*）（后改为《女性未来》），获得了良好的社会反响。这份报纸刊登了玛丽亚·德雷姆斯（第一位加入共济会的女性）、朱莉·多比耶（法国历史上第一位获得学士学位的女性，当时她负责经济和女性主义专栏）、欧金尼娅·波托尼耶-皮埃尔和路易丝·米歇尔的文章。这份报纸的定位是综合新闻刊物，但同时也是女权主义的论坛。它始创于1869年，直到1891年才停刊。因此，它也是19世纪存在时间最长的女权主义报刊。

奥兰普·奥杜阿尔（Olympe Audouard）是另一位利用报纸捍卫女性事业的女权主义者。1861年1月，在她创办的报刊《蝴蝶》（*Le Papillon*）第一期的社论中，她以十分讽刺的语气写道："一个女人，办一份报纸？这难道不是特别可笑的抱负吗？我们的男性友人们，他们难道不是已经想象过我们指尖沾满墨水的情景了吗？"她再次肯定了第一帝国时期那些伟大的姐妹采取的策略，并重申道："我们的报纸名为'蝴蝶'。意思是，我们一点都不迂腐，我们最最渴望的是，成为长着翅膀、轻盈、飞翔的精灵。"同《女性的雅典学院》的女主编们一样，奥杜阿尔始终在报纸上捍卫女性的事业，在1862年8月25日发表的一篇题为《19世纪的社会呐喊》的社论中，她揭露了女性被排斥、女性权利被剥夺及性别不平等的社会问题。1863年，她放弃了《蝴蝶》的出版工作，出门旅行、演讲——这是她极其擅长的事！之后她又重操旧业，1867年，她试图创办《世界主义杂志》，但被内政部部长拒绝，他认为她的性别不适合做这件事。她一点都没有气馁，反而写信给国会议员，对禁止女性创办报纸这一禁令表示抗议。

1871年3月至5月的巴黎公社时期欣欣向荣，主要是受到了1830年革命和1848年革命的后续影响。路易丝·米歇尔定期在《人民的呐喊》上发表文章，她和安德烈·莱奥还在报纸《社会变革》上定期发表文章。因此，当时似乎完全没必要创办一份女性报刊，因为许多公社报纸前几页的版面都对女性开放。

整个第三共和国时期，女记者又开始与编辑部的"玻璃天花板"[1]做斗争。诚然，当时的编辑部职员的性别不再那么单一了，但是报刊的头版以及社论都是女记者不能踏足的地方，并且编辑部还试图只让她们负责撰写与她们的性别相契合的主题

---

[1] 原文是"plafond de verre"，这一术语喻指女性在职位晋升过程中遭受的无形、人为的障碍，这些障碍透明、不易察觉，如同玻璃天花板。女性在职业阶梯上走得越高，就越能感受到阻止其上升的无形障碍。《经济学人》提出"玻璃天花板指数"（GCI），使得各国性别不平等状况可视化。

文章。改变谈何容易！这些女记者慢慢提出要撰写关于政治主题、外交主题的文章，渴望成为远方或者战场上的记者，并开始用自己的女性名字署名。而且，19世纪末20世纪初的女权主义者创办的期刊比19世纪30年代或者40年代创办的期刊存在时间要更长久。

1881年，妇女参政论者于贝蒂娜·奥克莱尔创办了半月刊《女公民》，同时她还为《高卢人报》（*Le Gaulois*）和《激进报》（*Le Radical*）撰写一些女权主义文章。玛格丽特·迪朗紧随其后，创办了《投石器报》，该报纸每日发行，在顶峰时期发行量一度达8万份。与此同时，她也为《快报》（*La Presse*）和《费加罗报》（*Le Figaro*）供稿。奥克莱尔创办的《女公民》（1881—1891）旨在成为支持女性斗争的刊物，刊登了许多女权主义者的文章。《投石器报》则想要成为综合类日报，大家可以在这份报纸上读到关于财政、政治、体育等主题的文章，甚至还有连载小说，字里行间可以发现进步主义、共和主义以及亲社会主义的观点。它与其他综合类日报的不同之处在于，这是一份由女性创办，并且从编辑到排版都由女性主导的报刊。尤其是这家报社女职员的工资与同一新闻领域中男职员的工资不相上下！同时，《投石器报》成了支持女记者的工具，玛格丽特·迪朗为这些女记者争取到了进入权力之地的资格证即"特别通行证"，这是最早的记者证，表明她们在职业上得到了认可。玛格丽特·迪朗甚至还建立了一座女记者疗养院。许多女性曾在《投石器报》上锻炼自己的能力，然后进入综合类报社。在这份报纸上可以看到在当时其他大型报纸上看不到的或者很难看到的内容：公开的女权主义言论，为争取女性权利——同工同酬、接受高等教育的权利、公民权和政治权——而进行的斗争运动，批判其他报刊带有性别歧视意味的报道，对女性生活和工作条件的持续关注。

1897年12月，《小共和国报》（*La Petite République*）的一位男记者问玛格丽特·迪朗是什么促使她创办了自己的报纸，她回答说，是火柴厂女工罢工，"我发现，这些不幸的女工如此合理的要求却几乎没有得到男性报界的一点点支持，因为他们只关注选民，我痛苦又气愤，于是产生了这样一种信念，一份报纸的责任不仅仅是要求议院和公众认可我们的公民权和政治权，而且要维护被抛弃的穷苦女工的利益，尤其是要鼓励她们加入工会"。男记者反问道："报纸的名字是'投石器'，意思是要扔出石头？""您说得对，它是要扔出石头。""扔向什么东西，扔向谁？"男记者有点慌了。"扔向剥削、压迫我们的人；扔向那些拥护这一荒诞而可怕的社会现实的人，他们竟然认为只有一半的人——人类社会中的男性——在智识层面和社会层面可以不断进步，而另一半的人则逃离进步的法则，在智识层面永远保持低下，永远处于被奴役的状态。"

所有这些女权主义记者都是为了能在男性统治的新闻界获得立足之地。奥兰普·奥杜阿尔、玛格丽特·迪朗、欧金尼娅·尼布瓦耶、乔治·桑都曾不得不忍受烦琐的行政手续，以及来自他人的嘲笑、抨击、抹黑。直到20世纪初，女记者虽然在编辑部中还属于少数群体，但总算得到了一定的认可，她们可以投身新闻事业，不再局限于社交和文学相关的版面，或者具有鲜明的女权主义色彩的专栏。

我们将铭记这些名字：卡罗琳·雷米（Caroline Rémy），也就是塞弗丽娜（Séverine），她是女权主义记者，也是最早以写作为生的女记者；埃莱娜·塞（Hélène Sée），她是首位议会记者、"以人为本"新闻创作的先驱，她擅长现场采访、情感表达；安德烈·维奥利（Andrée Viollis），她报道了第一次世界大战，成为法国记者联盟（SNJ）的第一位女主席；马格德莱娜·帕斯（Magdeleine Paz），她是女权主义记者、和平主义者、反种族歧视者、反殖民主义者；玛丽斯·舒瓦西（Maryse Choisy），她提出了"沉浸式新闻"的概念，撰写了许多引人入胜的文章，报道了葡萄采摘女工和出租车女司机的生活，甚至还登上了希腊禁止女性进入的阿索斯山[1]进行调查报道；米雷耶·马罗热（Mireille Maroger），她撰写了关于法属圭亚那的卡宴苦役监狱的著名报道；路易丝·魏斯，她是和平主义者、女性参政权扩大论者。此外，还有许许多多其他本不应被遗忘的女性。

可以发现，最早的这些女记者都属于中产阶层的知识分子，拥有社会、社交和文化资本，这就使得她们不同于1830年至1840年出身于平民阶级的女先驱们。让娜·德鲁安曾是洗衣女工，后来成了小学教师，因结婚而改姓盖伊的德西蕾也是缝衣女工，她们两位都曾在《自由女性》或《女性之声》上分析过她们所处的工人阶层。虽然《投石器报》的女记者也关注缝衣女工或者洗衣女工的工作条件，但她们的目光来自外部阶层。另一个重要的特征是——至少对从19世纪末到一战爆发期间的女记者而言——这些女记者倾向于把自己的女性特质变成职业优势。她们捍卫一种"女性化的"新闻报道、一种"女性目光"，她们更加"敏感"，更加"富有同情心"，更加急于保护弱者。这种视角也很容易强化性别刻板印象，因为她们实际上利用的正是众所皆知的"女性化"特质。所有试图在男性世界中获得一席之地的女性都会面临这种矛盾。相较于普遍性，强调差异性似乎是更加有效的策略。

---

[1] Mount Athos，全称是阿索斯山自治修道院州。它是位于希腊东北部的一座山峰，被东正教称为"圣山"，山上约有20座修道院。根据其宗教传统，该地禁止妇女进入修道院的管辖区。此禁令受到希腊法律保护。

在妇女解放运动这一大背景下，20世纪70年代，女性主义报刊进入新一轮的迅猛发展期。好几百种期刊报纸如百花齐放，尽管大部分属于地方性的手抄报，通常只是昙花一现，但它们或激进，或具有颠覆性，或大胆，或富有创造性。有些由女记者或女学者创办，有些则由战斗性的小组创办。它们宣扬女性主义思想，其存在本身就是一种战斗的姿态。通常，这些杂志不会出现在报刊亭里，它们拒绝接受广告投放——尤其是带有性别歧视意味的广告，它们倚赖极其有限的志愿者工作，举行示威游行时在妇女团体间传播。在许许多多对抗父权制的刊物中，包含以下几种：由"妇女解放运动"[1]的心理分析和政治小组创办的《抹布在燃烧》[2]（1971—1973），由"妇女解放运动"的分支"阶级斗争"创办的《纵火的女人》，由格扎维埃·戈捷创办的《女巫：女性生活》（1975—1980），还有漫画期刊《啊，女孩》（1976—1978），以及由妓女主办的杂志《碎石路的回声》。现在阅读这些期刊，依然能感受到能量的

---

[1] Mouvement de libération des femmes，简称为MLF，是法国女性自发推动的女权运动，采取去中心化的行动方式，由多个小组组成，代表法国女性主义的多元声音，推动女性权利和性别平等的进步。
[2] 原文是"Le Torchon brûle"，直译为"抹布在燃烧"，也可以表示"爆发争吵，不同意"。——译者注

爆发！

20世纪后半叶，传统纸媒女记者的斗争在新媒体领域延续，首先是广播，然后是电视。男性垄断了这两个地方的领导职位、高级职务以及有影响力的严肃话题，女性则被边缘化，被派去担任不重要的职位，负责不重要的栏目。八点档新闻的主持人是男性，播音员则是女性；重要报道的记者是男性，天气预报员则是女性。简而言之，一切仍需努力。

随着近年来#MeToo运动风起云涌，女性主义浪潮迎来了新一波的"爆发"。在其影响下，当今时代又重新提出了媒体中的女性问题，大量的女性主义者再一次参与其中。随之出现了一些公开表达女性主义立场、几乎全部由女性主导的杂志。其中一些在网络上发布，一些则以纸质版的形式发行，比如《闲谈》或者新近创办的杂志《汹涌》——一本季刊，2021年由玛丽·巴尔比耶、露西·热弗鲁瓦、埃马努埃莱·若斯和玛丽昂·皮亚创办，获得了极大的成功。还有一些女性主义者擅长利用播客这种形式来打破广播界的"玻璃天花板"。DSK事件[1]（2011年）发生后，媒体报道表现出鲜明的性别歧视意味，而这位被控性侵的多米尼克竟然是法国总统选举的候选人，实在令人恶心且愤慨。于是，经济新闻记者克莱尔·阿莱和

---

[1] 指多米尼克·斯特劳斯-卡恩（Dominique Strauss-Kahn）的性侵丑闻。他是法国经济学家、律师，曾任法国财政部长、国际货币基金组织总裁。2011年5月14日，卡恩被控性侵一名酒店女服务员，后因缺乏相关证据被无罪释放。——译者注

莱亚·勒热纳于2014年建立了"让我们占领头版"（Prenons la une）这一组织，它一开始是社会团体，2018年正式注册成为协会，主要关注媒体对女性遭受的暴力事件的报道，倡导平等写作，在法律层面上支持遭受性暴力和性别暴力的女记者，反对网络暴力。2019年，它还组织了首届法国女记者会议。这些斗争活动旨在反抗新闻界及整个媒体界中存在的性别歧视，这也是过去几个世纪里女先驱们一直都在做的事。

参考资料

洛尔·阿德勒、克莱尔·布朗丹、埃莱娜·埃克、克里斯蒂娜·普朗泰、埃弗利娜·叙勒罗和玛丽-夏娃·泰朗蒂撰写了大量关于女记者、女性主义报刊的文章和专著,要从中选择一些代表作并不容易,尤其是考虑到还有很多历史学家也对这些问题进行了研究。

我要向您推荐的是近年出版的《19世纪报刊业中的女性与男性》(拉瓦尔大学出版社,2022),由克里斯蒂娜·普朗泰、玛丽-夏娃·泰朗蒂主编,其中收录的文章内涵深刻,比如两位主编的文章,卡罗琳·法约勒撰写的关于第一帝国时期报刊业内的女性主义斗争的文章,以及桑德里娜·莱韦克撰写的关于《投石器报》女记者的文章。

此外,还有玛丽-夏娃·泰朗蒂撰写的综述性论著《新闻女性,文学女性:从德尔菲娜·德·吉拉尔丹到弗洛朗丝·奥伯纳》(法国国家科学研究中心出版社,2019)。1935年,玛丽-路易丝·皮埃什在《19世纪史刊》上发表了论述《妇女公报》与弗雷德里克·埃尔比诺的"文学欺诈"[1]的文章。

---

1 指前文出现的丈夫借用妻子姓名办报的事件。

关于奥兰普·奥杜阿尔，我推荐您去阅读莉泽尔·席费尔的论著《奥兰普》（葡月出版社，2021）。倘若想要更多地了解20世纪下半叶尤其是20世纪70年代的女性主义期刊和杂志（我在文章中只是一笔带过），可以去femenrev.persee.fr查阅，这是一个女性主义网站，也是一个合作研究平台，致力于20世纪中叶以来（1944—2019）19本女性主义期刊语料的数字化、结构化、元数据的完善、语义注释、保存和传播。这一平台由相关领域最为资深的专家学者负责。

玛格丽特·迪朗访谈

1897年12月4日,《投石器报》首次发行前,玛格丽特·迪朗接受了《快报》的采访。

从明天开始,巴黎和全法国的墙壁都将贴满光彩夺目的海报。在上面,我们将看到这样的文字——"《投石器报》,大型日报,由女性领导、管理、编撰、排版"。在这些文字的下方,可以看到这样一段声明:"在法国,女性占据了人口的一半。几百万的女性,无论是单身还是守寡,生活在这里,却得不到男性在法律上的支持。女人为并不是自己投票通过的税纳税,她们凭借自己的体力劳动或者脑力劳动为国家的富强做贡献,无论是与法国社会还是与人类相关的问题,她们都要求获得正式表达自己观点的权利,因为她们和男人们一样,是其中的一分子。《投石器报》,这是一份女性报刊,也是一份女权主义报刊,它将永远坚定忠实地反映女性的选择、批判以及公正的诉求。"

这一宣言清晰、准确又简洁。我们之中最为亲切友好的一位女权主义者为我朗读了这段话,之后又给了我社长迪朗·德·瓦尔费尔[1]女士的联系方式。我先去了她的私人住处，但是到了那里，有人告诉我，《投石器报》的社长现在每天都待在报社的办公室里，也就是圣-乔治路14号。于是，我又去了那里，一位年轻迷人、束着发带的女士接待了我，她非常妩媚（当然，这种评价通常不会用以描述报社社长——原编者按），让我在编辑室里等一会儿。我仔仔细细地欣赏这体面而优雅的房间，就在这时，迪朗·德·瓦尔费尔打开了社长办公室的门，我马上走了进去。

"亲爱的女士，这么说，您是要开战了！"

"开战？和谁开战？感谢上帝，我们只有朋友，而且，我们也不会把时间浪费在无关紧要的问题上。我之所以创办《投石器报》，是为了做正确的事。说已经说够了，从现在开始必须行动！而且，我觉得这是一项意义非凡的活动，因为可以让很多年轻女性挣到钱，这些女性十分勇敢，只希望能有一份工作。我们报社之所以把男性拒之门外，是因为有才华的女性有话要说、有话想说。

"大家总是对我们说：'女性的角色就是成为妻子和母亲。'诚然，先生，所有的女性都希望能做到这一点，但前提是她们必须有这样的能力。您知道，在这个时代，找到一位丈夫可花费不菲，并不是所有的女性都能承受这样的负担。既然

---

[1] 即玛格丽特·迪朗。——译者注

这样，那不如保持单身！接受教育，进军新闻业。的确，如果长得漂亮，一切都会很顺利。无论是社长还是从边门把您领进来的在办公室打杂的男孩，所有人都会待你很友善。但是，其他的女性呢？长得不好看的女性呢？难道她们就只能等着饿死？

"我们报社就是要为想要发表文章的女作家斗争，为想要获得与男性同等薪酬的女工斗争，为想要成为妻子和母亲的女性斗争。您是否觉得在行政部门或者工厂从早到晚地工作很可笑？得了吧，这么多女性进入行政部门或者工厂工作可不是为了让自己高兴。所以，我要向您重申一遍，找一位丈夫对女性而言实在太昂贵了。"

"您已经能够成立全女性编辑部了？"

"当然，而且组织结构非常完整。我们甚至还有一位议会记者，即埃莱娜·塞女士，她对政治世界可谓了如指掌。"

"您的计划是？"

"计划？捍卫女性权利。（略）"

"下周四就要发行第一期报刊了？"

"是的，下周四，一切都将准备好，布置妥当，编辑完毕。您到时一定会过来看我们的，是吗？我们会在酒吧接待您。"

"啊，你们还有酒吧？"

"当然！我们可不反对一点小乐趣。而且，我们也不想别人把我们看成男人的可怕敌人。

"你们这些男人,是我们的兄弟,虽然我们不接受你们进入我们的编辑部,但可以在酒吧接待你们。在那里,我们可以随心所欲地谈论政治……还可以说点幽默的俏皮话!

"这可不违法!不是吗?"

《让女性占领头版》

女权主义团体"让我们占领头版"宣言,2014年3月2日。

我们是女记者,我们控诉媒体对女性的忽视与无视。在辩论节目以及报刊的各个专栏中,女性只占特邀专家的18%。其他被采访的女性常常只是作为普通的目击者或者受害者出现,无论是她们的姓名还是职业都被隐去了。

带有性别歧视意味的刻板印象遍布报刊头版,我们再也不能容忍这些了。为什么现在还要把女性贬低为性玩物、家庭主妇或者歇斯底里患者?媒体利用这些不公正的表达,持续传播着性别歧视的刻板印象。恰恰相反,媒体本应当代表社会中的各个群体发声。这些刻板印象既是引发职业不平等、报界的性别歧视言论和态度、记者对这些主题缺乏敏感等问题的原因,也是这一切的结果。

我们抗议报界中女性与男性之间的职业不平等。我们不仅仅工作不稳定,还常常受限于"玻璃天花板":在报界的职级中,职级越高,女性就越少。十个社长中超过七个都是男性。至于工资,女记者的平均工资比男记者的低12%。这些不平等也无形地隐藏在报刊的内容中。如果不认可女记者领导报社的能力，又如何使女专家的言论让人信服？这是一个会影响所有女性的恶性循环，尤其对来自不同背景的女性而言，她们面临的是双重困境。为了与这些不平等作斗争，并为所有人创造更加公平的社会环境，"让我们占领头版"这一团体致力于在日常生活中抨击媒体中存在的性别歧视言论和刻板印象，揭露不平等现象。我们号召我们的女同行和男同行在日常工作中要特别注意客观公正地表现社会，要在编辑部建立男女均衡的专家数据库，以保证信息源的多样化和性别平等，正如英国广播公司（BBC）已经做到的那样。我们也恳请大家务必监督媒体的领导层，使其在考虑到公司整体情况的前提下，遵守职业平等的相关法律。

此外，我们要求广播电台和电视台至少要邀请50%的女专家，以满足法律所规定的女男平等的具体要求，即"媒体工作中女性占比要均衡"，最高仲裁法院应当明确其具体的比例。我们要求未来的新闻理事会能够将均等原则纳入职业行为的道德规范中，以遵守职业平等法为前提，给予新闻业支持。最后，我们建议设置专门的课程，新闻类高校的所有学生都必须研修关于反对刻板印象、争取职业平等的主题课程。

我们号召所有的记者——无论是女性还是男性——都加入这一争取平等的斗争中来！

本宣言的作者：

克莱尔·阿莱、吕特·埃勒克里夫、塞戈莱娜·阿诺托、莱亚·勒热纳、奥德蕾·普尔瓦、梅利萨·特里奥

第二章

争取权利平等的斗争之物

从卫生巾到节育环：20个物品见证女性主义200年

妇女参政论者的小小博物馆

　　想象一下：我们追随着英国女性主义者的脚步向前，创立了一座关于女性争取选举权斗争的博物馆——这是如此美好的计划！在博物馆的中央，我们首先要放一个投票箱。这是女性选举权的一种象征、一种隐喻。一开始被拒绝，继续争取，最终成功获得！投票箱周围放着海报、参政权扩大论者的画像，最重要的是，要放上19世纪中叶的一幅版画，画上有一位年轻的女性被自己的女同伴们高高举起。很难弄清楚这幅画是要表现妇女的选举权，还是要表现1849年参加国民议会选举的女候选人让娜·德鲁安，海报上印着她的名字。她很可能就是版画近景中的那个年轻女人，手里拿着军刀，头上戴着军帽。总之，位于画面中心位置的女人的膝盖上放着一个古代的投票箱——一只高脚花瓶，上面刻着文字："妇女的普选权"。1848年"普选制度"建立了，但是只有男性可以参加选举！

　　事实上，法国大革命之后，各种选举法都完全将女性排除在选举之外。不同时期的议员都要求将公共空间和私人空间区分开来,男性独霸公共空间,女性则被认为与生俱来多愁善感,且受教育程度不高。但那时候,已经有一些女性(比如奥兰普·德·古热,她在著名的《女权与女公民权宣言》一文中提出了相关的观点)和男性(比如尼古拉·德·孔多塞)反对这种把女性排除在城邦之外的做法。不过,目前没有任何文字或者图像讨论过大革命时期的投票箱。不得不说,当时与选举相关的技术、规则或者目的尚未确定。那时候可以通过举手的方式进行表决,甚至可以在房间里走来走去。因此,当需要容器来存放选票或者投票球时,无论什么东西都可以拿来用,比如抽屉、汤碗、帽子和教堂的捐款箱。与我们现在的投票箱很相似的"投票盒子"直到法国君主立宪政体时期(1814—1848)才慢慢广为人知,但是,当时只有纳税最多的男性中的极少一部分人——最富有的那部分男人——才享有投票权。如果只有5%的男性可以参加投票,那么女性的投票问题就更显得不那么重要了。

然而,事情终于成了。1848年,确切而言是这一年的3月5日,"普选制度"宣布通过。"普选"?真的吗?是"男性普选"才对!让娜·德鲁安马上在《女性之声》上发表了自己的意见,揭露了真相。1848年,女性在自己的著作、文章以及俱乐部的发言中对新共和国把女性排除在外表示抗议。在1848年3月27日递交的一份请愿书中,社会主义女工德西蕾·盖伊

投票箱 ....

盖子上有开口的盒子，里面放的是选票。

假装发出这样的疑问:"他们废除了所有的特权,却想把最不公平的一项保留下来,让全国一半的人置于另一半人的统治之下?"随即她又明确道:"对女性们说'你们不是选民,你们没有选举资格',这是一边宣称平等一边又拒绝建立平等制度。这玷污了为所有人的利益而取得的胜利。这是在为贵族说话。"

1849年3月27日,让娜·德鲁安参加了议会选举,于是出现了本章开篇提到的那幅版画描绘的场景。画上的投票箱是一种隐喻,因为从来没有人用古代的罐子投过票。大家对投票箱的民主开放性充满热情,加之投票这一方式的创新性,因此,1848年所谓的"普选"出现在各种各样的图片上——与此同时,几千种不同规格的方形投票木箱也应运而生。

然而,1848年,选举权还不是女权主义者最主要的、首要的诉求。这很正常,因为还有更多普通的权利需要争取:教育权、民事行为能力、离婚权、工作权、同工同酬。因此,当时投票权并不是优先被考虑的。

直到19世纪末,女性选举权才变得极其重要,当时世界各地的女性主义者都在要求结束政治不平等的现象。在法国,于贝蒂娜·奥克莱尔推动了这一进程,她第一个提出要将扩大参政权变成妇女主要的斗争任务。在她看来，选举权是所有其他权利的"拱顶石"，是推动真正的两性平等以及女性经济独立的"关键钥匙"。女权主义海报、文章以及游行都发出这样的呐喊："妇女必须投票！"倡导扩大妇女参政权的海报上都画着投票箱，这象征着女性要求获得选举权，只是以现实主义的方式呈现了出来。投票箱这一物品变得稀松平常，一眼就能认出来。

投票箱也是女权主义行动的目标。1908年5月3日是市政选举的日子，一百多名女性主义者聚集在德拉博尔德小广场上（现在巴黎8区的亨利-伯格森广场），这个广场应该改名为于贝蒂娜·奥克莱尔广场或者妇女参政论者广场（我已向巴黎市政府提议）！这些女性前往不同的投票点，她们的任务是：打翻投票箱！她们原本打算把酸性溶液倒进箱盖上的缝隙里，销毁选票，但最终由于行动的种种风险不得不放弃。巴黎好几个投票点都被她们占领了，比如2区的保罗-博德里路，或是位于1区的市政府。这些女性被驱赶，在路上被骑着自行车的警察追捕，她们一边逃一边喊："我们要投票！"在4区博德瓦耶路的投票点，她们抢走了投票箱，把它打翻在地，所有在场人员无不目瞪口呆。于贝蒂娜·奥克莱尔就在这群人中间，她在散落在地上的选票上踩了又踩。"这些投票箱不合法！"她大喊道，"里面只有男人的选票！可是女人和男人一样，需要在市政厅捍卫自己的权利。"她的讲话被打断，后来她被带到警察局，但是她丝毫不害怕："这就是个诓人的谎言箱，是对性别平等的侮辱。我就是要把它打翻在地，并且踩在脚下……"接下来的一周，《小报》把她的肖像和故事刊登在了头版头条，批评这些歇斯底里的女人。

这些战斗行为并不只是在挑衅。参政权扩大论者按照非暴力不合作的传统，撰写文章揭露女性与男性之间的不平等。她们准备好接受法律规定的惩罚，因为把法庭变成宣扬自己理念的演讲台也是她们的目的。

让我们回到梦想中的扩大参政权斗争博物馆，那里有投票箱、海报，还要在中间插上一面旗。不是随便什么旗子，而是于贝蒂娜·奥克莱尔的那面旗。

现在可以在巴黎历史图书馆看到这面旗。这座美丽的建筑坐落在巴黎4区，有着十分丰富的女性主义藏品——均由玛丽-路易丝·布格莱（Marie-Louise Bouglé）捐赠。藏品总目录这样描述这面著名的旗帜："这件物品由三个部分构成。首先是丝织旗面及四个襻带，正中间印着'1876年妇女选举协会成立'。四个襻带的上方缝着四枚包金贝壳。下侧的边缘挂着三种镶着金丝线的花饰——分别是条纹状、冠状和丝线流苏状的。缎面衬里。其次是金丝线编织成的饰带，两端挂着绒球。

最后是木制旗杆。"美丽又昂贵的艺术品。于贝蒂娜·奥克莱尔虽没什么钱,但并不吝啬。我有幸能亲眼看到这面旗,玫瑰色和绿色毫无褪色,金色的装饰与旗杆依然如新,相信我,看一眼就会让您浑身颤抖!这面旗,玛丽-路易丝·布格莱的这一藏品,正是一段鲜活的历史。

想象一下那个不知疲倦的于贝蒂娜·奥克莱尔,她组织了各种活动,撰写了许多文章,同参政权扩大论者一起上街游行示威,队伍前面飘扬着这面她花重金定制的漂亮旗帜。1914年,她去世后所有的财物都留给了她的妹妹玛丽·肖蒙,之后归她的外甥女加布丽埃勒·帕拉迪所有。但是,要如何处置这些财产呢?

与此同时,另一位女权主义者玛丽-路易丝·布格莱为自己制定了一项任务,要建立一座大型博物馆来珍藏女性斗争的记忆。她去旧书商那里淘书,联系那些女权主义者的继承人,整理好资料并放在10区的一个小房间里。玛丽·肖蒙把姐姐于贝蒂娜·奥克莱尔的一部分资料捐给了玛丽-路易丝·布格莱;1934年,加布丽埃勒·帕拉迪把剩余的资料也赠予了布格莱。帕拉迪一直都在寻找那面著名的旗帜。她失望地给玛丽-路易丝·布格莱写信:"根本找不到。"之后却发现它被完好地收在柜子里!玛丽-路易丝·布格莱当时在巴黎买了一栋小房子,把自己收藏的东西安置在那里,27米长的架子全放满了。那面旗被展开,摆在那里,供大家瞻仰!1936年,玛丽-路易丝·布格莱去世，她的丈夫安德烈·马里亚尼接手管理这些藏品。但那时候战争的脚步愈来愈近，马里亚尼把藏品转移到了瓦兹的一栋房子里。不幸的是，1940年，瓦兹被炮火袭击，博物馆危在旦夕！女权主义者塞西尔·布伦瑞克——她曾在人民阵线统治时期担任国务卿——紧急将珍贵的藏品运回了巴黎。1941年，马里亚尼接待了一位名叫阿德里安·当塞特的先生，这是一名拥护君主政体的历史学家及合作分子，刚刚被任命为法国国家图书馆馆长。其实这个家伙一直都在搜集社会主义者、共产主义者、工会主义者、女权主义者的资料，或用于服务他所在的阵营，或直接销毁。马里亚尼敏锐地发现了他的不良企图，尽力拖延时间，但最终不得不做出让步。不过那时已经临近战争结束，贝当派[1]有许多其他的事务要处理，无暇顾及布格莱的收藏。

1946年，马里亚尼得以重新收回藏品（包括那面旗帜），后来把它们捐给了巴黎历史图书馆。一开始图书馆并没有把这些藏品当作一回事，所有的资料都沉睡在地下室，直到20世纪70年代爆发了"妇女解放运动"，在米歇尔·佩罗[2]、热纳维耶芙·弗雷斯[3]以及其他女性主义者的推动下，法国诞生了女性史！正是最早做性别研究的女历史学家马伊泰·阿尔维斯图尔

---

[1] 指法国元帅菲利普·贝当（Philippe Pétain）的支持者。
[2] Michelle Perrot，生于1928年，法国历史学家，女权运动的先驱者之一，巴黎狄德罗大学名誉教授。
[3] Geneviève Fraisse，生于1948年，法国女性主义哲学家。

（Maïté Albistur）重新发现了这些藏品，并于1982年编写了第一份目录清单。但是，又过了三十多年，巴黎历史图书馆的馆长萨拉·阿佩尔才开始对这些精彩而神奇的藏品进行细致的盘点、分类！

把布格莱收藏的于贝蒂娜·奥克莱尔物品列成清单，我们就会发现许多参政权扩大论者的物品，所有物品标注的日期都在1876年至1914年间：胸针、帽带、臂章，甚至还有三块香皂！哦！这些东西现在都在我们的博物馆里！

还要再加上参政权扩大论者的扇子，比如法国最有名、藏品最丰富的女性主义图书馆——玛格丽特-迪朗图书馆收藏的那把扇子。它由纸和木头做成，扇子正面画着颇具新艺术风格的花卉图案，白底绿字——这是英国妇女参政论者游行时喜欢使用的颜色——写着诸如此类的话："我要投票""505 972张选票""妇女参加选举""《日报》统计的'空白票'"，以及日期1914年4月26日、5月3日。

实际上，1914年国民议会选举期间，法国妇女权利联盟及《日报》发起了一项调查，征询法国女性的意见。是的，此时的法国女性还没有选举权！与此同时，女权主义协会和相关报刊也积极地发起运动，发行了配有插图的宣传明信片。在两轮选举期间，一些女权主义小组和一些报刊亭商贩设立了专门的女性投票点，遍布整个法国。《日报》印制的选票上写着"我要投票"的字样——正如前文提到的扇子上写的那样。超过

50万的女性表达了自己想要参与政治生活的意愿——扇子上有确切的人数,充分证明了此次行动的严谨规范——只有114人投反对票。这一结果公布后,1914年7月5日,女权主义者组织了一场盛大游行,其间,《日报》向民众发放这些著名的扇子——顺便也给报纸做了广告,但发放的目的非常明确——到处都有人挥舞着扇子。遗憾的是,第一次世界大战的爆发打断了这一运动的发展进程。

所有这些物品都彰显了参政权扩大论者的创造力,她们充分利用了传统的行动方式:整个19世纪,她们把政治观点印在衣服、帽徽、袖扣、别针上,各种运动又为这些日常之物加上自己的口号。女权主义者善于利用女性物品来战斗,如胸针、帽饰、扇子等。

1918年后,"妇女社会和政治联盟"——英国最广为人知、最激进的女性权利组织之一——曾经的活动家们开始着手收集并展出此类物品。这些女性致力于纪念并记录自己的历史。通过各种努力,她们成功收集了许许多多的小册子和旗帜,身陷囹圄的活动分子获得的奖章——表明她们的行动与军事活动具有相似性,游行示威时"柔术妇女参政论者"——通过练习柔术这种自卫技能来对抗政府武装力量的女性——使用的腰带和橡胶辊,女性在战斗时或日常生活中所穿的衣服、所戴的首饰,在监狱中制作的或偷偷藏起来的物品,还有看似寻常但实际上具有高度象征意义的物品,例如1911年11月,在参政权扩大论者的一次大规模游行期间,威斯敏斯特宫酒店被打破的橱窗,抑或参加绝食示威活动的一位女性在出狱时偷走的一块面包。所有这些藏品起初都陈列在一家由曾经的妇女参政论者建立、维护的私人博物馆。1951年之后,这些藏品由伦敦博物馆接手,这是伦敦最重要的公共博物馆之一,致力于展现伦敦市的历史与现状,每年接待的游客超百万人次。

我们也应该着手建立这样一座博物馆,还等什么?!

参考资料

关于法国女性争取选举权斗争的著作和文章非常多。安妮-萨拉·布格莱-莫阿利克撰写的《法国女性选举：百年之辩（1848—1944）》（雷恩大学出版社，2012）值得一读。

倘若您想更深入地了解伟大的让娜·德鲁安和1848年呼吁女性投票权的其他女性，必须读一读米歇尔·里奥-萨尔塞的专著《排斥女性的民主：三位政权批评家（1830—1848）》（阿尔班·米歇尔出版社，1993）。

我在尼古拉·卡代纳为于贝蒂娜·奥克莱尔的著作《一位参政权扩大论者的日记》（伽利玛出版社，平装系列，"历史"丛书，2021）撰写的前言中读到了布格莱基金会的故事，顺便说一句，这篇文章真的很精彩！而这篇前言的写作灵感其实是在马伊泰·阿尔维斯图尔的博士论文（指导老师为米歇尔·佩罗，1982，现保存于巴黎历史图书馆）中获得的。

克里斯蒂娜·巴尔[1]的文章《记忆的守护者》（《女性主义档案简报》2003年6月第5期）会告诉您更多关于这些女权

1　Christine Bard，生于1965年，法国著名历史学家，关于长裤与裙子的性别史研究尤为著名。她创立了女性档案协会，创建了Musea网站。

主义者的故事，其中包括致力于保存女性主义档案的玛格丽特·迪朗。最后，各种海报以及扇子的照片可以在网站"透过图像看历史"（histoire-image.org）上看到，2017年安妮·梅斯还写了一篇关于扇子的文章。

于贝蒂娜·奥克莱尔藏品清单

由萨拉·阿佩尔编写，2018年。
巴黎城市历史图书馆
玛丽-路易丝·布格莱图书馆档案室

胸针，"妇女权利，公正，公平"，1880—1914，金属制品，编号：8-MS-FS-15-2074

胸针，"女性应该投票"，1880—1914，金属制品，编号：8-MS-FS-15-2078

别针，"女性应该投票"，1880—1914，金属制品，编号：8-MS-FS-15-2079

胸针，"法国女性想要投票"，1880—1914，金属制品，编号：8-MS-FS-15-2080

胸针和别针，"Jus suffragii"[1]，1880—1914，金属制品，编号：8-MS-FS-15-2081-(1-2)

胸针，"她为她们，她们为她"，1880—1914，金属制品，编号：8-MS-FS-15-2077

---

1 拉丁语，意思是"公民选举权"。——译者注

胸针，图案是女人的一只手放在投票箱上，1880—1924，金属制品，编号：8-MS-FS-15-2075

黑色帽带，"女性应该投票"，1880—1924，织物，编号：4-MS-FS-15-2560

旗帜，"妇女选举协会"，1914，织物，编号：0-MS-FS-15-01 (1-2-3)

臂章，"女性投票，《日报》委员会"，1880—1914，织物，编号：8-MS-FS-15-2086

肥皂，"既然女人也纳税，就应该投票"，1880—1914，编号：8-MS-FS-15-2083 (1-2-3)，以前的编号：OBJ-MS-FS-15-02

裁纸刀，"女性应该投票"，1880—1914，金属制品，编号：8-MS-FS-15-2082

垫板，"女性应该投票"，大约是1910年，纸质物，编号：2-MS-FS-15-187

印章，"妇女选举协会"，1880—1914，金属制品，编号：8-MS-FS-15-2084- (1-2)

留影盘，"女性将要投票"（留影盘是一种玩具，用两幅画制造出视觉错觉的效果——原编者注），1880—1914，纸板和细绳，编号：8-MS-FS-15-2073

一块刻着"普选投票箱"字样的手表，一枚刻着"普选，投票箱"字样的藏书章。2021年，这两样东西遗失了。

读客女性主义文库

花束与花环

  2014年8月28日,五十多名身着黑衣的女子聚集在巴黎的圣-多米尼克路,那里竖着一块铭牌,上面写着"女性权益部",但只能在这里挂几天了。"这个机构还很年轻,不该这么早就死去。"她们十分不满,在墙上挂了一个纪念花环,上面写着"女性权益部,永远的遗憾"。实际上,就在几天前,总统弗朗索瓦·奥朗德提出重组计划,解散了这个著名的部门,然而这一部门是他竞选时提出的60项承诺计划之一,过去两年由纳贾特·瓦洛-贝勒卡西姆负责。此后,在曼努埃尔·瓦尔斯担任总理期间,女性权益事务将由国务秘书处负责,秘书处则隶属于法国的卫生和社会事务部。这项解散决定释放了极其负面的信号,尤其是它将女性权利与传统的性别分工联系在了一起。

  发动这一活动的组织包括:"敢做女性主义者!"、法国女性权利联盟、欧洲女性游说协调委员会法国分会、"运动的女性主义者"以及"Femen"。她们是否还记得,大约四十四年前,其他女性主义者也曾敬献过纪念花束?虽然发起这一活动的各个组织在声明中并没有透露这一点,然而事实上……

1970年8月26日,十几个女性主义者快步穿过巴黎的星形广场,奔向凯旋门。此刻大约是傍晚五点三十分。克里斯蒂娜·德尔菲手捧一束系着紫色宽丝带的花,丝带上的文字是:"献给无名士兵的无名妻子,斗争中的女性敬上。"卡蒂·贝尔南、莫妮克·布鲁、朱莉·达桑、埃马纽埃尔·德·莱塞普、雅尼娜·塞特、玛格丽特·斯蒂芬森、莫妮克·威蒂格、安妮·泽伦斯基拉着四面横幅,上面分别写着"献给比无名士兵还要无名的她,他的妻子""每两个人中有一个是女人""妇女解放""与美国罢工妇女团结一致"——您等会儿就会明白这些标语的含义。隐藏于凯旋门某一处的警察局里一片混乱。警察们开始维持秩序,他们质问她们:"你们就不感到羞耻吗?"当然不!横幅被没收,花束被扔在地上,不远处就是可怜的无名士兵纪念碑燃烧的火。警察粗鲁地把她们赶进房间,然后又把她们押进前来增援的警车。著名的女性主义社会学家、理论家克里斯蒂娜·德尔菲如此回忆道:"一开始,他们打开了警报器,发出'哔剥哔剥'的声音,后来他们意识到我们并不是危险的革命者，就把警报器关掉了。我们就朝着窗户外面大喊'哔剥哔剥'，我们很恼火，他们竟然关掉了警报器。"

这一事件本应保持低调。但是，那个8月末，可以报道的时事并不多，于是富有经验的各大报刊媒体牢牢抓住了机会，大事报道这一事件，并且宣称"妇女解放运动"诞生了——这一表达是从当时发生在美国的相似运动及横幅标语借鉴而来。《震旦报》和《战斗报》甚至声称这一运动大约有3000人参加——竟然有这么多人！有的媒体甚至还编造信息，说参与者烧掉了自己的胸罩——这纯粹是过时的幻想！这一切让那十几个女性主义者备受鼓舞，因为这原本并不是什么有组织的运动。既然她们被赋予了名字，她们就是参加运动的人，这就像是一场洗礼，大家欣然接受，只是从单数的"女人"变成了复数的"女人们"！

这个想法是怎么产生的？这一创造性的举动源于两个非常小的女权主义团体的相遇：一个是"女性与男性的未来"（FMA）组织，成立于1967年，创始人是雅克利纳·费尔德曼、贝蒂·弗朗博克和安妮·泽伦斯基。1968年，克里斯蒂娜·德尔菲也加入了这一团体。另一个是由十几个女性主义

花环 ....

放在墓碑前的用花或叶子编成的圆环,系着一条写着字的丝带,以此表达哀痛、敬意和遗憾。

者组成的团体，自1969年9月起，吉勒·威蒂格、莫妮克·威蒂格、安托瓦妮特·富克以及来自美国的马西娅·罗滕堡和玛格丽特·斯蒂芬森，这些女性是该团体的核心。她们在马西娅·罗滕堡的两居室小公寓里讨论、欢笑、畅想！克里斯蒂娜·德尔菲回忆道："我们的讨论漫长而有趣。"

正是在这样的气氛中，1970年5月21日，十八位女性身穿印着金星标志与拳头图案的T恤，把一群男大学生赶出了万塞讷大学（当时还是一所实验大学）的阶梯教室，并组织了第一次明确宣称只有女性能够参加的公共会议。这是由女同性恋女性主义者提出的。同月，《国际白痴》报刊刊登了一篇由莫妮克·威蒂格、吉勒·威蒂格、马西娅·罗滕堡和玛格丽特·斯蒂芬森联合署名的文章《为妇女解放而战斗》，文章抨击了"性别歧视"现象，这个新词是从美国的女性主义者那里借鉴而来的。7月，《拥护者》杂志推出了以"妇女解放，新纪元"为主题的特刊，终于开始地动山摇！第一次公开集会就在8月26日。克里斯蒂娜·德尔菲至今记忆犹新："我不知道是谁第一个说到了凯旋门，只是大家就这么做了。"之所以选那个日子，是因为那天正好是美国纪念女性获得选举权五十周年的日子，当时举行了大规模的游行和罢工活动——于是就这样决定了。对那次活动的报道促使几周之后美术学院组织了公共集会，这一次有一百多名女性参加，"妇女解放运动"也由此正式爆发。

但是，决定在凯旋门敬献纪念花束的女权主义者们是否记得，八十九年前的7月，另一群女权主义者也组织过一次花环行动？

1881年7月14日，于贝蒂娜·奥克莱尔领导了"妇女权利的葬礼"这一活动，这是法国历史上第一次主题明确的女权主义街头示威游行。奥克莱尔刚刚创办了自己的报纸《女公民》，她批判《法国民法典》，揭露婚姻中女性遭受的压迫及女性被困在私人生活领域的境遇，她把争取妇女选举权的斗争变成了重要议题，她认为7月14日是男性的节日。1881年6月，她在自己的报刊上这样写道："女性没必要庆祝男性的国庆节；她们要设立女性自己的国庆节。"因此，她呼吁女性"表达对权利丧失的悲伤"，举行一场富有象征意义的葬礼，即关于她们权利的葬礼。1881年7月14日，三十多位女性及少量的男性参加了这次活动，她们穿着丧服，手捧花束，走向巴士底狱广场，控诉自己权利的缺失。

从1881年到现在，同样的花环，同样的战斗。

读客女性主义文库

参考资料

从事件参与者的证词出发总是非常有趣。克里斯蒂娜·德尔菲曾多次讲述自己在1970年8月26日的记忆,比如,在2008年法国文化广播电台《制造历史》节目上,在2019年《纯粹的声音》节目上。1999年,卡罗勒·鲁索普洛斯在其拍摄的电影《站起来!妇女解放运动史》中呈现了克里斯蒂娜及其他参加这一运动的女性主义者的证词。这部电影同她拍摄的其他电影一样,是一个小小的奇迹!我们也可以在2009年第29期的《克利俄:历史、女性与社会》杂志上看到雅克利纳·费尔德曼关于女性主义组织"女性与男性的未来"和法国"妇女解放运动"诞生的相关证词。2010年4月,在第352期《历史》杂志上,克里斯蒂娜·巴尔也谈到了1970年8月26日发生的事件以及法国"妇女解放运动"诞生的相关情况。

要了解更多关于于贝蒂娜·奥克莱尔的事情,包括她对《法国民法典》、第三共和国及7月14日男性国庆节的批判,可以阅读埃迪特·塔伊布发表在《关于性别的政治惯例》2005年第78期上的精彩文章《政治与家庭:第三共和国时期于贝蒂娜·奥克莱尔的论述》。

《法国民法典》与女权主义者的巫魔夜会

一群女人。

一摞红色封面的书。

一根火柴。

"点火!"

这一幕发生在1904年10月29日旺多姆广场的圆柱底下。三位女性试图烧毁的书正是《拿破仑法典》[1]，只是她们最终遭到了骑警队阻止。"粗暴一点"说，1804年的《法国民法典》对已婚女性而言，简直糟糕透顶。戒指成了镣铐。已婚女性必须"服从"自己的丈夫（第213条）——他可以任意处置她的财产以及她的身体。她不可以自行选择住处，不可以离开他，

---

[1] 即于1804年颁布的《法国民法典》，又于1807年被明令定为《拿破仑法典》，1814年法国复辟后再度更名为《法国民法典》。该法典经过部分修正后目前仍施行于法国。——译者注

没有对孩子的监护权，无权查看家庭以及她自己的财务状况。更重要的是，由于缔结了婚姻关系，她没有民事行为能力，沦落到与未成年人相似的境地。没有丈夫的允许，她不可以进行任何行政、法律、经济和民事活动。没有丈夫的允许，她不可以工作，不可以加入工会。即使可以工作，她的工资也要交给丈夫。成年的单身女性理论上可以不受这些规定的束缚，但是微薄的工资让她们深陷贫困，社会施加的耻辱感令她们不敢向前。寡妇可能有幸获得独立，前提是她的丈夫来不及做出必要的安排，把她交给家庭委员会——他自己的家庭委员会——管理。

至于未婚妈妈，她们只能靠自己，因为寻找孩子的生父是不被允许的。

虽然没有从整体上对当时的司法制度进行比较，但是《拿破仑法典》的确是糟糕透顶的存在。《法国刑法典》（1810）让这种糟糕的状态更加恶化，规定女性通奸要受惩罚，但男性通奸则不用——除非他把情人带回家，还明确了丈夫当场抓获通奸的妻子并将其杀害可从轻量刑的情节——这就是臭名昭著的第324条"血红条款"。

《法国民法典》颁布后，这些将丈夫占据统治地位、剥夺女性权利的状况合法化的法条引起了各界人士的反感，遭到各种批判。上文已经说过，法兰西第一帝国建立后，一些女性在报刊或者小册子上提出控诉。整个19世纪，不止一篇文章谴责

《法国民法典》，谴责对已婚女性的民事行为能力的限制，谴责使她们完全受控于丈夫的规定。这些文章的作者在当时还未被称作女权主义者，但她们实际上就是在进行女权主义斗争。斗争的最高潮发生在1904年秋天，《法国民法典》作为物品也在其中发挥了作用。

1904年是法兰西第一帝国成立一百周年。国家层面只组织了一项半官方性质的纪念活动，由立法与比较法研究协会负责，在索邦大学召开法学界学术会议，并在奥赛宫举办大型宴会，共和国总统及外国代表团成员一同出席。那时，法国德雷福斯事件[1]尚未终结，新兴的极右派和不断壮大的社会主义左派不断抨击当时的政治制度，纪念《拿破仑法典》活动是一件棘手的事。活动的某个组织者曾明确表示，为了能办好这次活动，避免落下"反女权主义"的口实，他们甚至邀请了一些女性参加，即一些有名望的女性以及学术会议报告人的妻子……但是，当时处于蓬勃发展阶段的女权主义者并不打算满足于这种象征性的补偿，她们不愿意让百年庆祝活动就这样在共和国金光灿烂的大厅里平静地举行。

---

[1] 法国历史上的著名冤案，也是法国受司法不正义与反犹主义之害的典型案件。1894年，法国犹太裔上尉阿尔弗雷德·德雷福斯（Alfred Dreyfus）被错判为叛国罪，直到1906年最高法院才宣布其无罪释放。

1904年10月29日上午，《投石器报》的女权主义者以集会的形式举办了反百年庆祝的活动，大约有800人参加。这一整天，《投石器报》的社长兼记者玛格丽特·迪朗，作家及新马尔萨斯主义者（支持节育和堕胎以限制人口增长）内莉·鲁塞尔，大学教授奥黛特·拉盖尔，书商及报刊《被解放的女性》的社长加布丽埃勒·珀蒂，探险家、西藏研究专家及歌唱家亚历山德拉·大卫-内尔，她们先后发表演讲，抨击《法国民法典》中具有性别歧视意味的条款。傍晚，大会投票表决，一致希望废除"所有贬低女性、剥夺女性民事行为能力的法律条款"。

同一时间，在索邦大学宽敞的阶梯教室里，正在举行由法学家协会主办的庆祝第一帝国成立一百周年的学术会议。极少数女性虽然接受了邀请，但是并不打算安静地听完这些先生的报告。会议举行到一半时，女权主义组织"女性团结"的秘书长卡罗琳·考夫曼站起身，打断了台上的发言，她大喊道："《法国民法典》迫害女性！推翻《拿破仑法典》！"她的同伴们放飞了紫色的气球，这是英国妇女参政权运动的象征颜色，气球上印着同样的口号以及"《法国民法典》让法兰西共和国蒙羞"这样的句子。这些女性被警察带了出去，卡罗琳·考夫曼被逮捕、被起诉。其他的女权主义者聚集在这座著名学府的大门口，她们喊着相同的口号，并且用剪刀剪碎了一本《法国民法典》。

同一时间也爆发了反百年庆祝的第三次运动，这一次由于贝蒂娜·奥克莱尔领导。五十多名女性和男性聚集在国民议会的波旁宫前，这是在响应前几天贴出的海报上的号召，"无论是富有还是贫穷，各个阶层、各个地方的女性，请加入我们，10月29日下午2时，让我们一起改变损害女性利益的《法国民法典》"——这张海报有四个女权主义团体的署名："妇女选举""女权主义研究小组""女性团结""平等"。之后集会者走向旺多姆广场，之所以选择这个地方，是因为广场中心的圆柱由拿破仑一世竖立，虽然巴黎公社时期柱子被推倒了，但之后得以重建，而且柱子的顶端还有他的雕像。几个"三明治广告人"[1]与她们一起，他们手举的牌子上写着这样的句子："《法国民法典》迫害女性，我们抗议对它的颂扬。"之后，于贝蒂娜·奥克莱尔、法国第一位女性主义档案学家埃利斯卡·樊尚[2]以及"女性权利联盟"的让娜·奥多-德弗卢离开了集会的人群，开始用火焚烧一本《法国民法典》。警察迅速赶来，遣散了所有人，但没有任何人被逮捕。

---

1 身体前后贴着广告牌的人，是一种广告的形式。——译者注
2 Eliska Vincent（1841—1914），19世纪末法国最有影响力的女权主义者之一。她于1888年创办了女权主义团体"平等在阿涅尔"（Egalité de Asnières）以及《平等》（*L'Egalité*）杂志。她还收集并整理了大量法国女权运动的历史档案。

这些行动遭到了众人的嘲笑与批评，结合先前的反女权主义话语，她们被视作疯子、"悍妇"、"极端女权主义者"、"人类法律的敌人"。讽刺报纸《黄油碟子》甚至刊登了一幅讽刺画，将这些女人描绘成巫魔夜会上围成一圈的女巫，中间是熊熊燃烧的《法国民法典》。在这幅画上，还出现了索邦大学阶梯教室里的气球，只是气球上的文字变成了厌男的口号，如"打倒男人""消灭男人"——这些标语都是凭空捏造的，是反女权主义者糟糕透顶的刻板印象。

这一天充分显示了20世纪初女权主义者的组织性和活力，以及她们的创造性和毋庸置疑的勇敢，哪怕她们采取的都是非暴力运动——其实，这也是法国女性参政运动的特点，相比之下英国女性选择的运动方式更加激进。1904年12月1日，在《投石器报》的新刊上，玛格丽特·迪朗发出了胜利的呼声！因为司法部终于成立了《法国民法典》修订委员会。"女权主义的胜利从未如此显著、如此令人信服、如此重大，"《投石器报》庆祝道，"这是对历史悠久、至今还在奴役女性的遗留产物的首次攻击。"但是委员会名存实无，没有对《法国民法典》进行任何修订。直到1907年，女性才可以自由支配自己的工资。直到1938年，女性才最终获得了法律承认的民事行为能力。

然而，1904年12月至1905年1月，卡罗琳·考夫曼因"公开发表侮辱性言论"被起诉，还好法官是一个正直的人！她被宣布无罪，理由有二：其一，法律不会惩罚对"拿破仑精神"发表侮辱性言论的人；其二，她的行为也没有扰乱公共秩序，因为会议并不是公开的，考夫曼女士是受邀参加会议。法官最后总结道："失去丈夫的考夫曼女士的所作所为是在行使自己的合法权利，她的理由是，女性被排除在法律之外，她们只能以这种不同寻常的方式表示抗议，别无他法。"或许这才是那天之后真正取得的女权主义胜利。

参考资料

我要感谢硕士生埃玛·佩亚尔-波韦达，她关于反百年国庆的研究使得我可以在这里讲述1904年10月29日这一天发生的事，以及一系列司法后续事件。我很荣幸能指导她的硕士论文，她于2022年9月在古斯塔夫·埃菲尔大学答辩。我完成这一章节时还没有确定章节标题，后来我在巴黎13区玛格丽特-迪朗图书馆找到了最终的标题。

钱包、支票簿和银行卡

2020年，两位社会学家塞利娜·贝西埃和西比勒·戈拉克在《资本的性别：家庭如何再生产不平等》（发现出版社，2020）一书中揭示并批判了男性对家庭资产的侵占，此书涵盖了她们将近二十年的研究成果。家庭和夫妇独特的机制，以及公证机构和律师事务所延续的逻辑，几乎都会导致女性的财产权被剥夺。总而言之，虽然法律明确规定女男平等，但是未婚女性和已婚女性都是大输家。女性依然要为捍卫自己的家庭遗产继承权和财产独立而斗争——这也是几个世纪以来她们的斗争之一。

1970年，如果只是看看兴业银行的广告，你可能会觉得女性已经赢了。广告海报上是一个穿着长裤、戴着弗里吉亚帽的女人，她手里拿着支票簿——注意，是粉色的支票簿，还有加粗的标题"女男平等"。在这个用女性主义思想漂洗[1]过的漂亮

---

1 原文是"feminism washing"，指公司宣扬肯定女性、支持女性主义事业的思想，但其实纯粹是为了追求经济利益，而并没有真正践其内在。——译者注

案例中，可以读到这样一段话："1965年7月13日，从这一天开始，您这样的女人可以和男人一样开设支票账户。这就是公平。"但实际上，1965年的这项法律只不过是一次小小的胜利。要理解这一点，有必要回顾一下在此之前已婚女性的境况。

在旧制度下，未婚女性没有财产继承权。包办婚姻——无论是哪个社会阶层都一概如此——建立在双方家庭提供的财产即奁产[1]之上，这些财产通常最终会归长子所有。法国大革命期间，1791年至1792年间有好几部法律实现了男女在婚姻与遗产继承方面的权利的初步平等，并且取消了嫁妆。但是，啪嗒！《拿破仑法典》又恢复了不平等制度，既包括遗产继承也包括夫妻关系。《法国民法典》第1421条规定："只有丈夫可以管理家庭财产。他无须经由妻子的同意就可以变卖、转让、抵押家庭财产。"丈夫不仅是夫妻共同财产——婚后获得的所有财产——唯一的管理者，而且掌管妻子的婚前财产，即以奁产的形式带来的财物。妻子没有权利发表意见。这部法典还剥夺了已婚女性的民事行为能力，禁止她们在银行账户存钱、取钱或者把有价值的财物放入银行的保险柜，禁止她们的任何财务行为，除非获得作为主人的丈夫的准许。至于已婚女性的

---

[1] 即女性的婚前财产，通常以预备嫁妆的形式体现。《拿破仑法典》第1541条指出，"妻自行设置的一切财产，或因夫妻财产契约给予妻的一切财产，均为奁产"。第1543条指出，"在婚姻关系存续中，不得设立奁产，亦不得增加奁产"。

工资，都以现金形式支付……给了丈夫。只有在公证员面前签订了财产分割协议，妻子的权利才可以稍微得到一些保护——至少她们自己的财产可以得到保护。此外，《法国民法典》第217条明确规定："已婚女性，无论她是财产的共同所有者还是单独所有者，如果没有丈夫的共同参与或者书面同意书，无论财产多寡，都不得赠与、转让、抵押、购买。"——这就是我们所说的嫁奁制度。不管怎样，19世纪，只有不到5%的妻子受婚前协议的保护。说到底，这就是对婚姻中的女性的掠夺，禁止她们使用、占有任何资本，禁止她们自由支配自己的收入——无论是最贫困的女性挣取的工资，还是其他女性获得的地租和房租。嫁妆甚至变成了男人获得财产的颇为有效的方式——因为现金形式的嫁妆越来越普遍。19世纪的长篇小说和短篇小说像镜子一样反映了这一现象，巴尔扎克与莫泊桑都在小说中刻画了追逐嫁妆的好色之徒和挥霍无度者的丑陋形象。

19世纪末的女权主义者发起了第一次战斗。她们抗议的是制度的方方面面，因为她们试图改革婚姻制度，捍卫女性自由支配工资的权利，并争取能够独自获得、拥有并管理储蓄账户的权利。

储蓄账户问题解决得最快——应该说解决得相对较快，这才符合事实：英国女性自1844年开始能够存取钱，而法国女性要等到1895年才获得这一权利。1875年，法国有过第一次尝试，但最终以失败而告终。菲利普·勒·鲁瓦耶对国民议会议员发出了这样的警告："你们是在往家庭内部散播不安定因素。"这无疑会"打破（男性的）婚姻支配权和父权"——显然，他理解这一切！——但这一制度"正是社会和家庭的基础"——啊，1881年，立法者终于做出了让步：女性无须丈夫的允许也可以开设储蓄账户。太棒了！啊，不！因为，她们依然要获得丈夫的允许才能存取钱。多么可笑！直到1895年，女性才被法律允许独立做这些事——只是银行还专门准备了一枚印章，上面刻着"丈夫未到场"，在各种银行档案资料上都可以看到这样的盖章，就好像明确这一点极其重要……

　　第二次战斗涉及自由支配工资。1886年，法国国民议会议员投票通过了第一项法案。这是一种保护主义行为，与其说是女权主义的，不如说是家长制的。但是，不管怎样，这一法案动摇了pater familias[1]的无上权力，还是取得了一点进步。

1　拉丁语，意思是"一家之主"。——译者注

因为，那几年间，好几位国民议会议员都想方设法保护女性和儿童免遭坏丈夫、坏父亲的伤害。他们揭露了丈夫的危险形象——在他们的阶级观念中，这种丈夫通常是工人，他在小酒馆肆意挥霍可怜的妻子的工资，还殴打自己的小孩。他们的目的是：在丈夫不负责任的情况下，法官有权判定妻子的工资可以直接支付给她本人。这项法案被提交到参议院，但是参议员迟迟不讨论——他们倒是很快就通过了儿童保护法，自1889年起，该法律允许法官剥夺父亲的监护权。女权主义者利用这一点不断施压，同时改变行动策略，以获得理想的结果。

法学家、法国第一位女律师让娜·肖万起草了一项法案，任何领取工资的妻子都可以完全自主支配自己的收入，没有任何限制条件，不需要任何法律裁定。参政权扩大论者接受并支持她的意见，再一次提出了同工同酬的要求——既然如此，那还有另一个要求：自由支配体面而合理的薪酬！1896年，一项新的法案提交至国民议会，在这一问题上走得更远。这一次，国民议会议员修改了新法案，继续维护保护主义的观点。Bis repetita！[1]参议员再一次迟迟不做表决，但是大环境已经越来越有利于女权主义者。因为从事有薪工作的女性已经越来越多——我强调的是支付工资的工作，其实女性一直都在工

---

[1] 拉丁语，意思是"同样的事又发生了！"。——译者注

作，不同的是，她们慢慢去家庭之外的地方工作，领取符合法律规定的工资；尤其是，工作的女性不再仅仅是女工——立法者对她们几乎不怎么关注——还有中产阶级甚至是上层阶级的年轻女孩，她们在新兴的服务业工作，做电话员、护士、售货员、小学教员、打字员，甚至是律师和医生。再者，也是因为，面对女权主义者关于民事、政治和经济权利的斗争，最好还是在某个方面让步。更重要的是，针对妻子处境的批评最终危及了婚姻制度：必须阻止通过工作获得解放的年轻女孩选择自由结合[1]。1905年，一项新的法案再一次提交——这一次，是平等主义的法案，最终1907年通过了该法案。法案中包含了源自女权主义战斗的表达：已婚女性有权"自由支配"自己的工资。

同一时间，另一条女权主义战线瞄准了婚姻制度。其目标是将财产分割制度变成正式的法规，不再是协约达成的例外。1904年，恰逢《法国民法典》颁布一百周年，社会各界举办了各种各样的主题活动。在玛格丽特·迪朗的《投石器报》组织的反百年庆祝活动中（参看第100页），反对婚姻制度的呼声占据了核心地位。于贝蒂娜·奥克莱尔还出版了一本小册子《女性的金钱》。通过一次请愿行动，她把小册子分发给国民议会议员。她巧妙地以维护夫妻的关系与利益为名，坚持取消

---

[1] 原文是"l'union libre"，指非传统婚姻形式的伴侣关系。

共同财产制,她揭示了日常生活中常常会发生的无用争吵和不愉快,描绘了不得不向丈夫乞求家庭购物资金的妻子形象——这么多的论证有可能对国民议会产生影响。但是,她很清楚,关键问题在于,财务自由是妇女解放的前提,也是官方认可女性经济价值的前提。同时,一些女权主义者组织免费的婚前法律咨询,帮助即将步入婚姻的女性了解婚前财产协议,并且督促她们签订协议。无论是投票表决女性自由支配工资的法案,还是1938年废除已婚女性无民事行为能力的制度,国民议会和参议院都拒绝触及掠夺妻子权益的婚姻制度。面对父权制的阻挠,女权主义者的种种斗争都以失败而告终。

具体而言,20世纪60年代初,妻子们处于怎样一种境地?我们看到,她们已经可以自由支配自己的工资。问题在于:如果工资以现金形式发放,她们就可以拿到这笔钱,把钱留在身边或者存入银行账户。但是,整个20世纪,每月工资都以支票或者转账的形式发放。在这种情况下,如果她们的丈夫不允许她们拥有自己的银行账户,她们要怎么办?按照法律规定,妻子可以自由支配转到丈夫账户里的工资,但只有丈夫才可以给她们现金……家庭补助也面临着同样的困境,在1950年至1960年间,当时的家庭补助比现在要多得多。按照规定,这些钱是转给妻子的,但实际上……

在1965年法律颁布之前,妻子的生活就像是一系列令人羞耻的卡夫卡式故事。一些女性在父母去世后发现自己无法支配父母的遗产，只有她们的丈夫才可以管理这些财产。妻子不得不向丈夫讨钱来购买家庭日常用品。在计算支出时，如果丈夫认为支出过多，她们还要忍受丈夫的指责。一些单身女性或即将结婚的女性虽然有自己的银行账户，但是银行柜员总是对她们说，如果要继续保留账户或者使用账户存款，她们必须出示丈夫的许可证明……随着职业女性的增加、工资的增加以及社会上银行开户人数的增加，19世纪以来的种种制度显得越来越不公正，令人无法忍受。

因此，直到1965年《婚姻财产制度改革法》的颁布，这一切问题才部分得到了解决。根据这部法律，丈夫依然是夫妻共同财产的唯一管理者，但是妻子有知情权。没有获得妻子的允许，丈夫不得出售或者抵押财产。至于家庭房产，哪怕婚前属于丈夫，如果夫妻二人没有协商一致，也不可以出售或者抵押。如果妻子被丈夫抛弃或背叛，法官可以把家庭财产全部的管理权和使用权判给妻子。嫁奁制度被取消，女性对于自己的财产具有完全的管理权与使用权。妻子开设银行账户无须丈夫的允许。可想而知，许多银行都对此感到高兴！它们开始用广告吸引女客户。但是对丈夫们而言，这可不是一件好事。网站

INA[1]上有一段视频特别有趣，可以说明当时的情况。1966年1月30日，在新的婚姻法即将生效的前夜，达妮埃尔·布雷姆在法国广播电视局的节目上与亨利·科莱特——正是他向国民议会报告了该法案——进行了对谈。女记者问："在这一历史转折中，丈夫的权利发生了什么变化？"议员回答道："呃，丈夫依然是一家之主，这是很漂亮的头衔。"紧接着他发出抱怨："但是，实际上，丈夫再也没有任何权利和权力了。"达妮埃尔·布雷姆打断了他的话："我觉得您言过其实了，不管怎样，丈夫依然和妻子拥有的一样多。"亨利撇了撇嘴。

第二年，女性被允许出入巴黎证券交易所，并可以进行投机交易。要知道，从1724年交易所成立以来，这地方完全是男性统治的世界！理由十分可笑，说是因为女性的出现与传统的风俗习惯背道而驰，会扰乱投资者，而且这些女士很可能无法承受压力。仅有的几个能够出入交易所的女性，要么乔装成男人，比如银行家玛尔特·阿诺，她在公开场合使用的名字是罗米·施奈德；要么获得了特别许可，比如女记者或是接受停业日引导的参观者。

这么说，这是一次胜利了？不完全是。正如亨利·科莱特所言，丈夫依然是一家之主，而且是唯一的管理者，只有他可以报税。直到1985年——是的，1985年！！！——法律才允许

---

[1] 指法国国家视听学院（Institut national de l'audiovisue）的网站www.ina.fr。——译者注

夫妻共同管理财产，双方都可以报税。此外，许多妻子都曾遇到过这样令人不愉快的事，她们在收到第一本支票簿时，惊讶地发现上面印着丈夫的姓名：罗贝尔·特鲁克夫人。支票簿或者银行卡上的姓名问题一直是父权制银行的麻烦事，实在让人觉得可笑。拿我自己来说，我至少向银行提交过十次我的离婚证明，但是我的支票簿和银行对账单上依然印着我前夫的姓氏。2022年，也就是在"小姐"（Mademoiselle）[1]这个称呼在公文中已经消失十年后，银行依然还在使用这一称呼。一些女性主义协会已经揭露了这些事实，还在推特上发起了称呼运动。然而，法律上的平等并不等于事实上的平等，正如我在开篇提到的塞利娜·贝西埃和西比勒·戈拉克的研究所呈现的那样：男性与女性"对于自己所拥有的东西（我还要加上一个词'从来'）不具有同等的所有权"。

---

1 指未婚女性，许多女性主义者认为不应在称呼上区分已婚女性与未婚女性。

参考资料

我希望您能深入地阅读塞利娜·贝西埃和西比勒·戈拉克所写的《资本的性别：家庭如何再生产不平等》，但是提醒一下，这本书十分反叛！我也建议您浏览"玛丽的博客"（desfemmesquicomptent.com），这是法国档案学家协会的一个研究小组创立的博客。玛丽是虚构的人物，她根据银行机构的档案讲述了女性财务独立的历史——当然还涉及其他的主题，实际上这个博客关注的问题非常丰富。还有两篇文章不可绕过，是弗洛朗丝·罗什福尔（Florence Rochefort）撰写的《关于已婚女性工资的自由支配，法律的模糊性》（1907）和《论于贝蒂娜·奥克莱尔的〈女性的金钱〉》（1904）。这两篇文章都发表于《克利俄：历史、女性与社会》（1998年第7期）。

《女性的金钱》（节选）

于贝蒂娜·奥克莱尔，1904年。

……目前，法国女性结婚后常常会失去所继承的财产的使用权或所有权；有些人没有签订协议，所以只能受制于共同财产制，丈夫有权获得她所拥有的财物；即使签署了协议，协议也总是规定她们的工资收入归丈夫所有，并且丈夫是用益权人[1]。通常而言，当我们签订契约时，就意味着失去了自己的所有物，被剥夺了自己的所有物；只是，在婚姻中，丈夫对妻子的剥夺是如此顺理成章，以至未来的妻子必须在协议中明确表示，她们打算保留自己带来的财产，以防止它们在婚后被侵吞。

法律应当保障妻子的财产所有权，就像保障社会其他成员的权利一样，并且应当赋予她们选举权，这样她们才可能获得继承权，因为只有当女性能够参与选举，她们才能捍卫自己继承而来的财产并将本图利。……

---

[1] 原文是"usufruitiers"，指法律上拥有用益权的人。用益权源于罗马法，指对他人所有之物享有的使用和收益的权利。权利一经设定，财产的占有、使用和收益权即移转于用益权人。此处的法律规定是说，即使法国女性签署了婚前财产分割协议，她们在婚姻中的收入也无法算入查产，仍归丈夫管理。

许多女性借口自己既没有财产，又没有出租的房产，也没有公债证券，所以在结婚时就不愿意签订协议。但是，与有财产的富裕女人相比，这些女人更应该保护自己的简朴家当、衣物以及用一双手辛辛苦苦挣得的钱。

为了避免婚后自己的个人物品和工资变成共同财产，为了避开婚姻共同体的合法规定，即妻子拥有的所有东西都属于丈夫，而丈夫拥有的一切没有一丁点属于妻子，她们必须——即使她们只能拥有工作所得——在结婚前签订财产分割协议。……

以协议形式规定的财产分割可以预防许多离婚案件的发生，因为女性只有当自己的奁产和利益受到损害时，才可以提出法律上的财产分割，但此时已经太迟了，而经济的拮据、争吵、破裂的感情等情况又使离婚不可避免。……

女性不管是靠自己的工作还是靠其他收入生活，以协议方式规定的财产分割使她能自由支配金钱，这也就保障了她其他的自由，尽管法律不公正，但这一协议可以使妻子自豪地与丈夫进行平等的对话。……

为了准确地了解签订财产分割协议的最低费用，我已经要求公证人进行清晰的说明，从而让即将步入婚姻的最为贫困的女性也能够签订。（我收到的回复）表示，只要花费不到二十法郎，就可以在结婚前签订财产分割协议。……

通过签订财产分割协议，要求获得权利的法国女性将开始懂得利用立法者赋予她们的权利，在婚姻中保持财务自由。……

这一婚姻契约将迫使女性关注金钱问题，由此家庭才能幸福，社会才能稳定，因为从此以后家庭不再仅仅是一个人而是两个人，双方能够预防灾难，避免破产，通过明智的管理保证共同繁荣。

好朋友也要明算账，因此哪怕是在婚姻中，夫妻双方相互的经济独立也可以让伴侣关系更加紧密。……

请愿书：要求财产分割合法化

各位议员先生：

已婚女性要么通过工作为家庭创造价值，要么带着奁产走入婚姻，通常两者兼而有之，所以，她不可以在婚姻里继续做一个向丈夫伸手乞讨的乞丐。

我们希望你们能考虑到这一事实，在夫妻关系中，正如在其他的社群关系中一样，良性的关系源自彼此间的关爱。如果丈夫要剥夺妻子的财产和工资收入，那就是在破坏家庭幸福。

为了避免妻子和孩子陷入窘迫的境地，为了保护他们免受丈夫及父亲——他可能是个挥霍无度的人——的压迫，我们要求结束夫妻共同财产制——一直以来它被视为合法的婚姻制度，而应当进行更广泛意义上的财产分割，这可以确保妻子拥有动产和不动产的所有权，同时使共有财产、共同工作的夫妻二人享有同等的管理存款的权利，并且双方都能获得相同的份额。

于贝蒂娜·奥克莱尔

敬请在这份请愿书上签字，并将其寄到妇女选举协会，地址：芝麻菜路151号。

119

第三章

争取身体自由的斗争之物

这不是衣架

阴道隔膜、宫内节育器、避孕套和避孕药

避孕史是一段斗争史，一段物品史，一段女性控制自己身体以及国家和医生控制女性身体的历史。国家允许或者禁止使用某些物品，有时在没有征得女性同意的情况下又强加给女性某些物品，抑或医生在不尊重女患者意愿的情况下"推荐"某些物品。避孕经历了从男性负主要责任（抽出阴茎、戴避孕套）到女性负主要责任（服用避孕药、放置宫内节育器、皮下埋植避孕）的变化。这是一种进步，一种确确实实的解放，但同时也是如今女性要起身反抗的一种压迫形式。

19世纪末之前，避孕的确不是女性的问题，也不是女权主义的问题。一方面，推崇马尔萨斯主义的国家主张控制人口数量；另一方面，当时的女性只有两种节育方法：一种是禁欲——效果自然很好，但是……另一种是体外射精，这种方法不是很可靠，而且需要男性伴侣的主动配合。

要不要生孩子，首先与家庭经济状况相关。财产所有者，

无论是小业主还是大业主，都认为应当少生孩子，以避免孩子在未来继承时分割遗产。城市或者乡村的无产阶级则相反，19世纪80年代之前，他们都倾向于多多生育，因为这些孩子长到八岁至十岁就可以为他们带来额外的收入，之后还可以为他们养老。

但是《费里教育法》（1881—1882）颁布后一切都发生了变化：孩子上学的花销超过了父母的收入，因此普通家庭选择减少生育。这引起了精英分子的恐慌，他们担心劳动力和士兵越来越少，于是为人口减少大声疾呼。但是，他们犯了一个错，他们提出的问题只针对工人，却没有想过自己也应当为人口问题负责。鉴于此，作为回应，一种"新马尔萨斯主义"言论出现并传播开来，鼓励无产阶级不生孩子，而不是停止性行为！因此这种言论支持避孕——在避孕失败的情况下可以堕胎，反对禁欲。他们的观点是和平主义的，传单上写着"少一些人当炮灰"；也具有工人运动的色彩，传单上还写着"少一些人被老板剥削"；同时还具有女权主义色彩！

在一份写给已婚人士的传单上，保罗·罗班写道："能够缓解妻子焦虑的最佳方式，是告诉她有效而安全的避孕方式，只有在她深思熟虑、下定决心后，她才可以成为母亲。这是妇女真正解放的第一步，也是最重要的一点。"1901年3月，他在提及避孕技术的前景时明确道："有待发现的完美避孕方式将是全人类的福音，它要满足以下几个条件：第一，女性是唯一的决定者；第二，不会引起任何不适；第三，费用低；第四，无须任何医生的帮助或者指导；第五，成功率高；第六，使用方便，不复杂，只需在性交之前或之后实施。"

极少数激进的女权主义者引用了这些新马尔萨斯主义论点。玛丽·于奥特、让娜·迪布瓦和内莉·鲁塞尔发表了非常多的新马尔萨斯女权主义的演讲；路易丝·西尔韦特和贝拉尔迪夫人宣传抵制生育，并出售最早的橡胶避孕套；加布丽埃勒·珀蒂和马德莱娜·佩尔蒂埃多次撰写关于新马尔萨斯女权主义的文章。她们都在揭露多次怀孕与分娩给女性带来的疲惫与困扰，强调这一切在很大程度上使女性远离了比换尿布更有意义的种种解放运动。和1911年马德莱娜·佩尔蒂埃所写的一样，她们还明确指出："只有女性自己才能决定是否要做母亲以及什么时候做母亲。"这比法国计划生育组织的著名口号"生不生孩子，取决于我是否想要，什么时候想要"还要早六十年。

当时国家并不反对避孕，工业技术也在不断发展，因此新的避孕商品不断投入生产，受到新马尔萨斯主义者（无论是男性还是女性）的大力推荐。为了销售这些商品，广告目录会刊印各种观点，其中包括女权主义的一些思考。我们庆祝女性的性愉悦终于摆脱了意外怀孕带来的焦虑，当时是20世纪初！

从那时开始，避孕套不再由牛或者羊的肠子制作而成，而是用橡胶制作，所以价格大大降低，效果也大大提高。既有靠强调男性的身体感受来宣传的广告，也有以凸显女性愉悦感为卖点的广告，比如克拉弗里公司在20世纪初就推出了一种名为"锯齿巴黎人"的避孕套，这是一种锯齿状的圆环，上面连着橡胶套，它"可以带给女性巨大的愉悦感"。但最大的革新在于，终于出现了不再倚赖男人的避孕方式。橡胶材质使得旧式的医用子宫托的质量得到了改良——一种放置在阴道内支撑子宫、防止盆腔器官脱垂的工具，后来演变成了避孕阴道隔膜。1911年，介朗公司推出了名为"安法逸"[1]的避孕产品，这是一种阴道环，号称是"具有保护作用的第二个阴道"，但与此同时，生产商也在商品目录上费尽心思地从男士的角度宣扬产品的好处，吹嘘这种避孕薄膜可以让阴茎"感受到极度愉悦的紧致感"。

很快，社会上又出现了阴道给药器！这种产品出现于19世纪末，一开始尺寸还比较大，主要用于治疗感染，但很快就被用于避孕。把一支装有杀精药粉的空心针管塞入阴道，按压另一端的梨形球囊，药物就被喷射进去。诚然，这看起来并不吸引人，但是其商品目录明确表示这种产品可以在性交前数小时

---

1 原文是"L'Infaillible"，意思是"绝不会失败的"。——译者注

内使用，免得在性交时还得拿出什么东西！商品目录还强调了实施避孕的是女性自己。太棒了，她们可以在伴侣不知情的情况下避孕！此外，产品的广告目录上还印着女性身体解剖图，这有利于普及关于女性身体的女性主义健康教育。

但是一战的爆发打乱了一切。人口急剧减少，人口金字塔底部向内收缩，这一切都引发了法国对于人口减少和老龄化的忧惧。从那时开始，国家采取鼓励生育的政策，包括一些压制性的措施。根据1920年颁布的法律，避孕以及任何新马尔萨斯主义的宣传都被明令禁止；根据1924年颁布的法律，堕胎要被追究法律责任。只有避孕套没有被禁止，因为防止性传播疾病还是有必要的。但是，阴道环、阴道隔膜、给药器、杀精药粉和软膏都被禁止售卖。实际上，法律并不禁止避孕行为，但规定只有男性可以实施避孕，这也就极大地损害了女性对自身生育能力的控制权。

尽管如此，这些被禁之物依然在秘密地流转；尤其是，某些邻国的立法没有法国那么严格，而且一些医生也鼓励使用这些产品，以避免出现堕胎情况。20世纪30年代，许多医生开设了节育门诊，门诊提供避孕物，如阴道隔膜，以及效果越来越好的杀精乳膏。这些避孕物来自其他国家，尤其是英国。英剧

《唐顿庄园》的观众也许记得其中的一个情节，女佣安娜为玛丽购买了一种避孕产品，很可能是阴道隔膜。

二战爆发前，"荻野避孕法"[1]逐渐普及化——准确而言，应该叫"荻野-克瑙斯避孕法"。因为虽然是日本医生荻野久作建立了排卵周期表，但其实是奥地利妇科医生克瑙斯将其用于避孕——这让女性再次获得了避孕的主动权。这种方式其实是根据女性的生理周期表以及晨间温度曲线表判断排卵期，然后在这段时间内避免性活动。因为这与禁欲相关，所以1951年10月教皇庇护十二世在一次面向天主教助产士协会所作的演讲中对这种方式表示了赞同。在意大利，大家把这种方法称作"Oggi, no!"，意思是"今天，不行！"。诚然，这种避孕方式并不能保证百分之百成功，尤其是如果女性生理周期不规律的话更是如此，20世纪50年代至60年代出现了许多"荻野宝宝"！但不管怎样，这种方式表面看起来依然还是具有避孕效果的。

私密文本，如私人日记、书信等，以及口头调查，使大家对那些身处禁止避孕的时代的女性采取的避孕方式有了更多了解。1948年4月8日，西蒙娜·德·波伏瓦在写给纳尔逊·阿尔格伦的一封信中——奇怪的是，这封信尽管内容完整，却并未在波伏瓦书信集中公开出版——列出了她自己可以使用

---

1 即"安全期避孕法"。——译者注

的避孕方式，并选择了阴道隔膜，这是一个美国友人送给她的礼物，只是为了让她拥有对自己身体的控制权。如果是体外射精或者戴避孕套，她可能就会失去这种自主权。私密的日记使我们发现了当时使用的各种避孕方式：有些女子会在做爱后洗澡——这种方式很不可靠，有些女子则会测量自己的体温，还有些女子委托别人给她们带英国产的阴道隔膜、瑞士产的杀精凝胶……

20世纪50年代，女权主义者再一次提出了20世纪初马德莱娜·佩尔蒂埃和加布丽埃勒·珀蒂曾经倡导过的"母权"[1]。如果说20世纪最初的十年里，支持这一提议的女性还很少，那么50年代的新马尔萨斯女权主义者人数大为增加，只是她们没有前辈们那么具有破坏力量，加之当时正处于婴儿潮的大环境下，一切对她们而言更加有利。从那时开始，避孕变成了一种反对堕胎的手段，这是一种很巧妙的辩解。但是这与20世纪初的新马尔萨斯主义者大不相同，因为当时她们坚决要求获得避孕和堕胎这两种权利。第一个支持避孕的女权主义协会巧妙地取名为"幸福母亲"（Maternité heureuse）。它于1956年成立，发起人是埃弗利娜·叙勒罗（Évelyne Sullerot）。她是一位三十多岁的年轻女性，同时也是四个孩子的母亲，因此她很清楚避孕不到位意味着什么。埃弗利娜·叙勒罗告诉女历史学家比比

---

[1] 原文是"maternité choisie"，即母亲选择权，强调女性对母亲身份的自主决策。

亚·帕瓦尔（Bibia Pavard），她当时去提交协会的章程时，那个最小的两岁儿子就在身边，她让他坐在工作人员的柜台上。

"幸福母亲"，有着天使面孔的小孩，她所说的"将要改变世界"的协会就此成立了！太棒了！

接着，20世纪50年代出现了避孕药，60年代初开始在欧洲销售，这是一个利润丰厚的市场，制药公司当然很希望这种药品能进入法国。在此期间，男歌手安托万在歌曲《荒诞之词》中建议总统在"单一价"超市出售避孕药。最早的计划生育中心常常发放这种药物，比如1961年玛丽-安德烈·拉格鲁阿·魏尔-阿莱在格勒诺布尔设立的计划生育机构。与此同时，更好用的宫内节育器出现了，这项1928年的发明到了60年代更加完善，材质改用塑料，还配有一根细绳，更容易塞入、取出。

1965年，法国总统选举辩论选择了"支持或者反对避孕药"这一辩题，之后这一辩论又出现在各大报纸上。1966年，这一问题甚至成为戴高乐派议员吕西安·诺伊维尔特提出的一项法案的主题。在这一法案上签字的还有两位女议员：曾经参加抵抗运动的成员及七个孩子的母亲苏珊·普卢，曾经的售货员奥黛特·洛奈，要知道当时的国民议会一共就只有八位女议员……经过漫长的议会讨论、立法投票以及唇枪舌剑的辩论，这项法案终于在1967年12月19日被通过。就像之后促使堕胎合法的韦伊法一样，这项法案是妥协的结果，对女性而言当然具

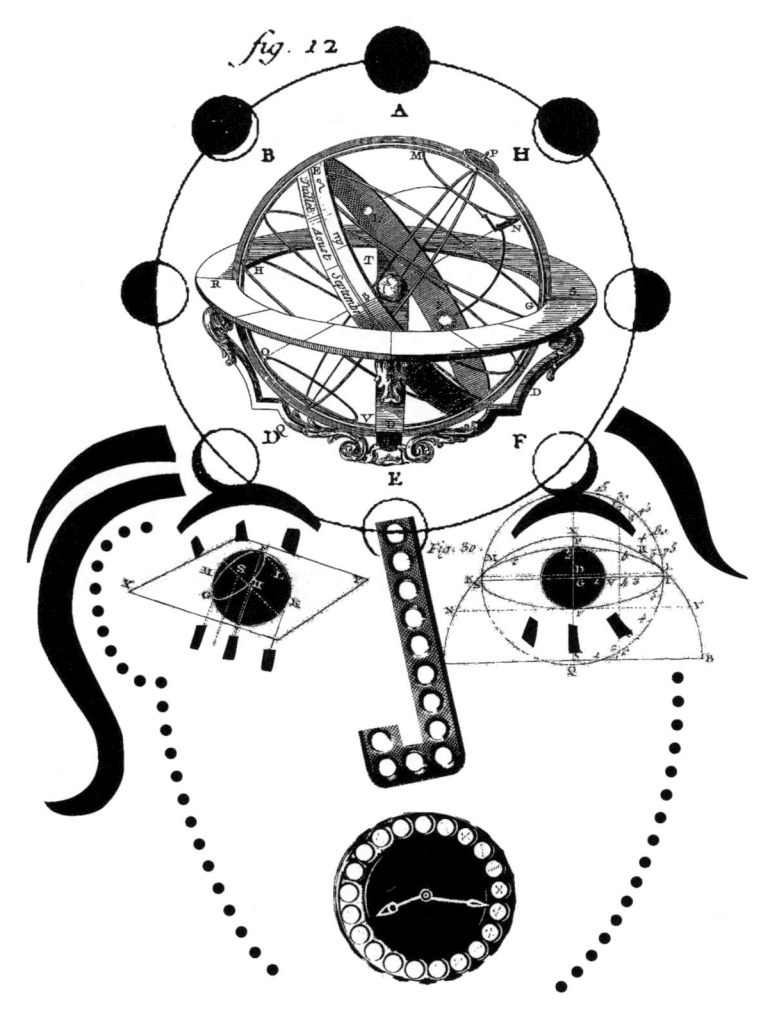

避孕药 ....

1. 颗粒状口服药物；2. 女性口服避孕药。
（3. 男性口服避孕药呢……未来可能会出现……）

有显而易见的进步意义，但它也有局限处。发放避孕药要保留单据的存根，不可报销，未成年人需获得授权，这些规定直到1974年韦伊法颁布才被取消。这一法案导致了种种后果，比如把避孕和药物联系起来，这也就意味着无法绕开处方医生和药剂师，但他们的形象并不总是友善的。这一法案并不能让女性自由地控制生育权，女性在这方面的绝对自主权远远没有被认可。此外，不管是销售还是告知公众的信息，相关的执行法令迟迟不出台，还好报刊以及女性主义医学小册子暂时弥补了信息的不足。

féminisme

长久以来，避孕药和宫内节育器都被认为是解放之物，但从此之后，它们成了女性主义反思的对象。首先要揭露这一事实：在许多国家，比如20世纪60年代的印度，放置宫内节育器——没有可以方便取出的细绳——是一种强制行为。当时世界正处于冷战时期，一种将马尔萨斯主义和反共产主义混同的言论甚嚣尘上。简而言之，必须控制发展中国家的人口数量，否则这些国家会越来越穷，随之而来的就是恐怖与不幸。如今，女性犹豫该不该服用避孕药，因为她们担心服用避孕药会对身体健康造成不良影响。她们也开始不满，为什么在异性恋伴侣中只有女性需要担心节育问题，需要独自承受心理负担和副作用呢？这一切要求我们思考为何男性避孕药的研究会如此滞后，同时也把输精管结扎的问题推向了公共舞台。奥雷尔画的一幅具有幽默色彩的画很好地总结了这样的情况，标题是《男性避孕药》，画中是一对坐在餐桌边的伴侣，男人说："你是让我考虑服药？"女人露出一副苦恼的表情……因此，革命尚未成功啊！

参考资料

关于避孕物的简短论述建立在许多已有研究的基础上。若想要更深入地了解马尔萨斯女权主义者,我建议您读一读安妮·科瓦(Anne Cova)的著作《第三共和国时期的女权主义与新马尔萨斯主义》(阿尔马丹出版社,2011)中"母性自由"一章,以及弗朗西斯·龙桑的著作《肚子的罢工:新马尔萨斯宣传与法国出生率的降低(19—20世纪)》(奥比耶出版社,1980)。

我尤为期待波利娜·莫尔塔的博士论文《服务伴侣?法国的性市场(1870—1930)》(巴黎第一大学历史系博士生院)的答辩和出版,我在撰写本章时参考了她关于避孕套广告的文章(Retronews.fr,2021年5月)。我非常幸运,在一场会议中听到了她就著名的给药器所作的报告,所以我才能在这里谈论这一物品。当然,还有安妮-克莱尔·勒布雷扬的自传叙事研究《法国人的性行为(1920—1970)》(《克利俄:历史、女性与社会》2003年第18期)。此外,如果没有比比亚·帕瓦尔所撰写的意义非凡的专著《在我想生的时候才生:法国社会的避孕与堕胎(1956—1979)》(雷恩大学出版社,2012),我也完成不了这篇文章。

最后，我想感谢研究西蒙娜·德·波伏瓦的专家马里内·鲁什，我同她讨论了好几个小时，试图找到波伏瓦写给其恋人的关于避孕的那封信的副本，可惜最终还是没有找到，本来这是一份很值得介绍给大家的资料。

读客女性主义文库

《不，你没有名字》

词、曲：安妮·西尔韦斯特

©BC音乐出版社

不，不，你没有名字；

不，你并不存在。

你只是大家所认为的那样。

不，不，你没有名字。

哦，不，你不是生命，

或许你将变成生命，

如果我给你一个安身之处，

如果一切没有那么艰难，

如果我只需等待，

看着我的肚子慢慢变大，

如果这不是陷阱，

抑或一种可疑的诅咒。

不，不，你没有名字……

他们是否知道这不仅会改变身体，
而且会改变精神，我是把你装在脑袋里，
这一切永远都不会停止？
你不会是我的中心。
他们对我的肚子知道什么？
他们觉得我能支配自己的肚子吗？
当我还有许多其他事情要做的时候。

不，不，你没有名字……

你迫使我行动。
我感觉自己变得渺小
我本能地抵触你。
我存在了这么久。
我爱你爱了这么久。
我渴望你也没有任何问题。
今天我拒绝了你。
那些控诉我的人是谁？

不，不，你没有名字……

假如你活着，

没有被你困住的囚犯，你就什么都不是。
但是，你是否比一颗种子更加重要、
更加具有意义？
哦！这不是节日，
而是溃败。
而且是我的溃败，我觉得
受害者有两个。

不，不，你没有名字……

他们真的很幸运，
那些认为这一切理所应当的人。
他们相互呼喊，相互折磨，
是死亡，是深渊，
是白色的孤独，
是坠落，是雪崩，
是绵延的沙漠，
眼泪不止，疼痛不止。

不，不，你没有名字……

无论是谁

进入我的生命和肚子

都只会蔑视或憎恨,

会把我当作不知廉耻的女人。

这是一场疲惫的战斗,

让我伤痕累累。

但这些伤痕塑造了我,

还有这些打击和溃败。

不,不,你没有名字……

远离子宫，靠近衣橱

在以红色作为背景的一幅画上，一只手挥动着衣架，旁边还有一句口号："这不是衣架。"

这不是马格里特[1]的画，而是2016年法国计划生育组织为争取全世界范围内的自愿终止妊娠权利而发起的运动。两年前，西班牙政府想要取消堕胎权。于是，女性主义者拿着富有象征意义的衣架，喊着口号"Nunca más!"[2]，反对这一社会的倒退，西班牙政府最终让步了。2014年2月1日，在巴黎，从埃菲尔铁塔到西班牙使馆，女性主义者开展了大规模的游行活动。大家挥动着衣架，衣架上写着这样的句子："远离子宫，靠近衣橱。"我依然还记得，当我向我的学生（无论是男生还

---

[1] 指勒内·马格里特（René Magritte，1898—1967），比利时的超现实主义画家。《戴黑帽的男人》（*Le fils de l'homme*）是其代表作。
[2] 西班牙语，意思是"再也不要这样！"。——译者注

是女生）展示这次运动的海报时，他们非常吃惊。为什么是衣架？幸福的年轻一代对此并不了解。

虽然1810年颁布的刑法禁止堕胎，但堕胎在整个19世纪还是被接受的。当时的政府奉行马尔萨斯主义，担心生育子女数量过多从而导致家庭贫困，却丝毫没有考虑到社会制度的缺失——关于这一问题暂且不讨论。因为堕胎而被起诉的案例少之又少，即使有，最后也常常被判无罪。19世纪末的报纸上有许多关于堕胎技术（参看第147页）以及"月经推迟的解决办法"的小广告，委婉地传达了这些效果可疑的避孕方法以及提供堕胎服务的地址。第一次世界大战导致人口剧减，国家对于生育的态度也随之改变，妇女依然在堕胎，但是只能秘密地进行。

féminisme

为了终止妊娠，在所谓的卡曼式堕胎（参看152页）出现之前，解决办法是把一个细细的东西伸进子宫，戳破受精卵。这会导致感染，有时过了好几天或者好几个星期，还会导致小产，继而需要刮宫。如果在医院进行，会使用无菌探针，避免产生任何伤口而引发感染，这种方法基本是安全的。但是，在20世纪20年代至70年代的法国，去医院堕胎是不合法的。诚然，即使法律不允许，一些医生依然为有钱女性实施安全的人工流产手术。但是，对大部分女性而言，她们只能求助于"制造天使的女人"[1]——大部分是女性，也有男性——她们懂得如何把金属探针伸入孕妇体内。在最糟糕的情况下，由于各种条件都很有限，许多女性不得不自己——或在女性友人的帮助下，或在伴侣的帮助下——把刺破受精卵的东西塞进体内。她们会从日常物品中选择一些合适的工具，比如衣架，她们会把它展开使用；此外还有棒针、欧芹的秆子、伞骨，或紧身胸衣的骨架、窗帘杆、铁丝、电线、笔……2004年4月，在法国文化广播电台的一档节目上，克莱芒蒂娜·奥坦采访了女性主义者伯努瓦特·格鲁[2]，后者讲述了自己用鱼线堕胎的经历，她不无幽默地说，自己是"一位渔妇，也是一个罪人"[3]。"我甚至还帮我的妹妹做过同样的事。……除非不做爱，不然只能这么做。"把东西塞进去后，女性要在疼痛中忍受流血，等到进行得差不多了，她们要去医院刮宫以及接受抗生素治疗。她们被羞辱，接受痛苦的刮宫术，就像是在接受惩罚。

  这样的方法很可能会导致子宫穿孔、肠穿孔，甚至是危及生命的大出血。流产引发的感染变得很难控制；尤其是，女性总是迟迟不肯去医院，她们说，是因为害怕"胎儿又被留下

---

[1] 原文是"faiseuses d'anges"，指专门帮助女性进行堕胎的人。——译者注
[2] Benoîte Groult（1920—2016），法国记者、作家、女权主义活动家，曾获得法国国家功绩勋章。她曾担任法国"专业、头衔和职能名称女性化术语委员会"的主席，以及法国女性文学奖Prix Femina的评审委员。
[3] 此处为谐音双关，法语中的"渔妇"（pêcheuse）和"女罪人"（pécheresse）发音相似。——译者注

这不是衣架

衣架 ....

弯曲的或者三角形的支撑物,用于挂衣服。以前被女性用来进行秘密堕胎……

来"——这种推迟常常是致命的。

还有一些女性会使用橡胶制的球式灌肠器,这种工具一般可以在药房里买到,利用这种工具可以向体内注射空气、肥皂水、酒精、芥末,甚至是漂白剂。这些操作都极其危险,可能会引发肺栓塞或心脏栓塞,几分钟内就会使人丧命。

我知道这些文字读起来有点艰涩,但是,我们必须记住当时的地下堕胎是什么。

每个人都知道这些,但是没有人说话,也没有人行动。

各个年龄阶段的女性,不管是否已经结婚,不管是否已经做了妈妈,都会担心意外怀孕。如果真的怀孕了,她们会陷入极度的焦虑。堕胎后她们继续沉默地生活,但起码松了口气,获得了自由。

20世纪70年代初,爆发了各种女性互助的支持自愿终止妊娠的运动。法国计划生育组织推广抽吸法,地下堕胎情况被揭露,《343宣言》[1],博比尼审判[2],女性主义者的大规模运动,这一切最终促使韦伊法通过,衣架终于挂回了衣橱里。

---

[1] 1971年,包括波伏瓦、杜拉斯、萨冈、瓦尔达等人在内的343位法国女性联名签署的一份宣言。她们在宣言中承认自己的堕胎经历,以此对法国当时禁止女性堕胎的法律表示抗议。——译者注

[2] 1972年10月至11月间在法国塞纳-圣但尼省博比尼市镇进行的审判。未成年女性玛丽-克莱尔·舍瓦利耶(Marie-Claire Chevalier)因被强奸怀孕,后在其他四位成年女性的协助下进行堕胎手术,之后这五位女性因此被起诉。女律师吉塞勒·哈利米为她们辩护,并取得了胜利。这一事件在当时引起了社会各界的广泛关注,并对后来韦伊法的通过产生了重要影响。——译者注

在捍卫自愿终止妊娠权的运动中，这些物品再次出现了，为了支持世界上被剥夺这一权利的女性，为了在每一次社会倒退时发出警告，为了提醒大家每一项禁令意味着什么。它们成了恐惧的象征物，表示"Plus jamais ça!""Nunca más!""Never again!"[1]。的确，衣架是传播范围最广、最具象征意义的物品，但也有一些与堕胎相关的其他物品出现在运动中。2014年2月1日，在巴黎发生的支持西班牙女性的游行中，可以看到一些标语牌上面写着"永别了，棒针"，旁边画着子宫及两根交叉的棒针。还有一个女人挥动着一张纸板，上面写着"现在，欧芹只出现在沙拉里"。

在结束这一章时，我正因为在格扎维埃·戈捷的书中读到的内容而难过。然而，2022年6月24日，忽然又传来了一个可怕的消息，美国最高法院推翻了确立全美范围内堕胎权的判例"罗诉韦德案"。从此，每个州自行决定允许或禁止女性自愿终止妊娠；在接下来的几个小时内，十三个保守州都迅速发布堕胎禁令，阿肯色州、北达科他州、南达科他州、爱达荷州、肯塔基州、路易斯安那州、密西西比州、密苏里州、俄克拉何马州、田纳西州、得克萨斯州、犹他州、怀俄明州，或许很快还会有更多州紧随其后。震惊、愤怒的人群聚集在巴黎的共和广场上，许多女人挥动着衣架，希望再也不要这样了。

---

[1] 分别是"再也不要这样！"的西班牙语、法语和英语形式。——译者注

参考资料

关于堕胎的历史及女性主义的斗争史，我再一次建议您阅读比比亚·帕瓦尔的作品，尤其是她2012年在雷恩大学出版社出版的博士论文。阅读、聆听经历过地下堕胎的女性们骇人而辛酸的诉说也是必要的。比如，格扎维埃·戈捷主编的论文集《堕胎者诉说：当堕胎还是非法时》（拉·马蒂尼埃出版社，2004），以及她在《地下堕胎者》（莫孔杜出版社，2015）一书中的论述。

每年，在一门关于女性史的课上，我都会让我的学生（无论是女生还是男生）阅读安妮·埃尔诺的小说《事件》（伽利玛出版社，2000）。正如这位女作家所言："不细细地书写这一切，就意味着湮没了关于女性的真相，站在了男性统治的那一边。"

《堕胎权》(节选)

马德莱娜·佩尔蒂埃,自由思想出版社,1913年。

如今,堕胎在大城市很常见。

医生们很少实施堕胎手术。一些医生因为事业发展不顺利、生活窘迫,在某些时候、某些地方会为妇女堕胎。但是,他们并不能从堕胎手术中获得高收入,因为这种手术机会毕竟很少。

助产士在这方面做得更多。困顿的妇女面对助产士时不会那么不自在;助产士的学历没有那么高,她们的态度比起医生更加亲切,这也让患者更加舒心。

在巴黎,堕胎手术主要由某些机构提供,这些机构在报刊的封底上发布隐晦的广告。去年,还可以看到这样的小广告:"若月经推迟,可采取可靠手段。"广告上附有地址,但是没有姓名。"推迟"这个词的意义一目了然,会引发诉讼;因此在某些时候,所有与"推迟"相关的字眼都消失不见了,取而代之的是"助产士,保密"。

……有时候,堕胎机构会欺骗客户,工作人员把随便什么东西塞进客户的阴道；客户付了钱，离开了，没有任何怀疑，但是什么都没发生。于是她又回到机构，工作人员又搞了一次相同的把戏，她又付了一次钱，周而复始。当然，没有人抱怨，原因就不必说了。

堕胎费用差异很大，最高可能需要两百法郎，最低则是二十法郎甚至十法郎。有人曾告诉我，有一家机构以极其低廉的价格帮人实施堕胎手术，等候室里从早到晚挤满了人，里面有成熟的女性，也有年轻的女孩。

但是，绝大部分的堕胎并不发生在这些地方，因为女人们已经学会了自己操作，她们做起来很熟练。如今，所有人都了解处理这种"推迟"情况的医疗手段，可以说，至少在大城市，没有一个女人没有使用过这些手段。机械手段是比较常见的方法，在药店的橱窗里经常能见到的子宫探针足以说明这一切。医生不会购买这些橡胶制或者骨制的器械，他们用的是金属器械，更便于消毒。

此外，女性之间并不会隐瞒这些行为。在女工居住地的楼道里，在面包店、肉店、杂货铺，女人们向因丈夫的粗暴又无知而不断怀孕的邻居推荐这些方法。

有时堕胎很危险，但不能仅仅因为这种行为危险便被明令禁止。其实堕胎手术是非常温和的。如果第317条法律条款被废除，如果允许医生为向他们求助的怀孕未满三个月的女性实施堕胎手术，那么就不会发生这么多意外事故。即使发生了极其少见的并发症，公开实施的刮宫术几乎可以挽回所有患者的生命。

……有些情况下会造成非常严重的事故。灌肠插管虽然不清洁，但优点是不锋利，而女性有时为了堕胎使用的窗帘杆、棒针、帽子别针、纽扣钩、拨火棍就不一样了。如果她们使用这些不安全的工具，很可能会得腹膜炎，导致性命不保。

同过去不一样，堕胎不再是一件不寻常的事。可以说，它已经变成了一种很常见的事，存在于社会的每个阶层。如今，"不小心"怀孕的布尔乔亚年轻女孩不会再想到自杀，她们想到的是堕胎。……

堕胎不仅限于非法的恋爱关系，已婚人士也常常会进行。有时，流产的是第一胎，因为它来得太早，夫妻俩还想好好享受几年快乐的生活，晚点要孩子。但是绝大多数情况下，流产的是第三胎或者第四胎。大家欢喜地迎接第一个孩子的到来，对于第二个孩子的到来也能接受，生第三个孩子时则听天由命，但绝对不接受第四个孩子。公务员、公司职员、经济条件宽裕的小商贩倾向于好好养育已有的孩子，如果可能，他们希望自己的孩子最好能跻身更高的社会阶层，再不济也要留在同一个社会阶层。

在书的最后，作者提到了出版社的名字以及地址，然后，她又写了这样一段话：

"为了全力宣扬马尔萨斯主义的思想和方法,我们将以代理的方式向所有对我们提出相关要求的读者邮寄书籍及以下这些物品,只需把应付数额的汇款单寄到以下地址即可:巴黎孔潘斯路74号(出版社的地址),贝拉尔迪夫人(收)。"

后面附着一张男性和女性避孕物品的清单:包括一个杀精药粉给药器——我在《阴道隔膜、宫内节育器、避孕套和避孕药》一节曾写到过这一物品,一个海绵擦,一个厚实的子宫托,以及一个阴道隔膜。

从卫生巾到节育环：20个物品见证女性主义200年

导管、针筒和打气筒

在本书的开篇，我向您讲述了弗朗斯瓦丝（她是抽吸式堕胎或者说卡曼式堕胎的先行者）和卡特林·舒尔特-希伦（她是在无国界医生组织工作的性健康与生殖健康专家）之间的讨论如何促使我意识到物品在女性主义斗争史中的重要性。现在该和您更深入地聊一聊这种著名的堕胎手段了！

1973年2月，《新观察家》周刊刊登了《331宣言》。开篇是这样一句话："是的，我们帮人堕胎。"331位医生在上面签名，承认或者说宣布曾做过地下堕胎手术。这一宣言同两年前刊登在同一份周刊上的《343宣言》（由343位承认堕过胎的女性签名的宣言）形成一种呼应。这一宣言提出了"自由堕胎"的要求，"女性，且只有女性自己，对此有完全的决定权，不需要获得强迫女性陈述堕胎理由的医学委员会的同意"。与这份宣言一起刊登的还有一份面向女性的"特别简报",上面以连环画的形式让各种物品发声。阴道窥器(扩阴器)就像一只鸭嘴,旁边的对话框里是它说的话:"我是塑料扩阴器。我可以撑开阴道。"在它旁边是一个女性模样的针筒,它的脸上挂着笑容:"我是塑料针筒,有50立方厘米。如果拉动我的活塞,就会产生足够的吸力抽取胚胎和胎盘。"针筒连着一根空管子,上方的凹口写着这样的话:"大家都叫我塑料导管。手术人员来回移动我,把胎儿从子宫壁上剥离下来。"还有一幅女性身体解剖图呈现了这些器具的使用方法:放置扩阴器,插入导管,把针筒和导管连接起来,然后开始抽吸。

卡曼式抽吸法是对怀孕六周到八周的女性采用的堕胎新技术。您已经明白,这其实是把子宫里的东西吸出来,比起之前广泛使用的刮宫术,要更加安全且能减轻患者的痛苦。塑料软管兼具子宫探针、胎儿碎片刮匙以及抽吸管的功能,它造成的伤害要比容易造成子宫穿孔的硬金属探针小得多,因此也能消除败血症、输卵管炎及腹膜炎的风险。之前伤害性更大的两步式堕胎法——先放置探针,再刮宫——也就此结束了。

1927年,这种堕胎方式在苏联出现,即所谓的辛普森技术;1958年,这种方法在中国进一步改进;之后哈维·卡曼使其臻于完善。他是一位心理学家,20世纪50年代以来,他在美国加利福尼亚州为争取堕胎自由而不断斗争,这一技术最终以他的姓氏命名——这也使人误以为他是这项技术唯一的发明者。不过的确是哈维·卡曼开发出了更加灵活、易于消毒、费用更低的软管[1]。

之后全球女性主义网络推动了这一技术的传播,一些富有战斗精神的法国医生通过各种途径发现了这一技术。比如,1972年夏,女演员、女性主义斗士德尔菲娜·塞里格在巴黎家中介绍了这一方法;又比如,1972年6月,一队格勒诺布尔的医生去了伦敦,遇到了参加英国妇女解放运动的女性主义者,其中的一位医生陈述了当时的情况:"当琼(一位英国女性主义者)……从她的包里拿出导管和针筒时,这对我们来说不亚于一枚重磅炸弹。我们极其好奇,纷纷涌上前去看个究竟,我们意识到这不仅仅是一种技术的进步,更是一种可以攻击倒退法律的革命武器。"贝亚特丽斯·卡默勒发表在《石板》[2]上的一篇文章中引用了这句话。其实,"卡曼式抽吸法"不仅是一种医学上的进步,而且手术背后蕴含着深刻的女性主义哲学。

哈维·卡曼的目标非常宏大:在他1972年6月发表的《辅助堕胎护理人员》(《临床妇产科》第15卷)一文中,他提出

---

[1] 这种软管也被称为"卡曼插管"。
[2] 法语电子杂志,创办于2009年。原文是"Slate",可以指石板,也可以指发表在报纸上的抨击性文章。——译者注

了一项较少依赖医疗干预的框架，把实施活动交给医院外受过培训的工作人员，这样可以保证堕胎手术的安全。手术应该由两个人一起实施，一位医生（男女皆可），一位中间协调人。中间协调人的任务是接待患者，向她解释手术流程，以及给予患者心理上的支持——美国心理医生所说的"语言麻醉"，其目的是替代化学麻醉，形成一种能够信赖的氛围——这种理念其实源于女性主义领域的"自助"（self-help）理念，但卡曼从未承认过这一点。

事实上，这一"方法"也在很大程度上得益于美国的女权主义团体——只是，同大多数情况一样，说到它的起源，总是会归功于卡曼这个男人，而忽视了女人们的贡献。在"自助运动"中，这些团体主张女性在妇科健康方面拥有自主权，并帮助她们重新建立积极的身体形象，保持自我观察，并开发治疗方法。"自助运动"支持抽吸式堕胎技术，还组织了"午餐时间堕胎"（lunch-time abortion）这一活动，但只在一个激进的小组内进行。后来这种堕胎方法传到了法国，不过没有保留原来的名字，主要在"争取堕胎与避孕自由组织"（MLAC）内部进行。这个协会于1973年4月创立，其目的是推动自愿终止妊娠合法化，并在当时禁止堕胎的情况下，积极帮助想要终止妊娠的女性。

想要终止妊娠的女人们聚集在一起,在她们亲人的陪伴下去往"争取堕胎与避孕自由组织"的私人公寓或者接待室。受过相关培训的人员以及负责安慰、疏导她们的人员(主要是女性)会接待她们。第一次会面时,怀孕的女性、陪同者以及工作人员要进行讨论,这对部分女性来说,是一次谈论身体、谈论为何选择堕胎的机会,之后工作人员会向她们详细地解释手术流程。如果孕妇表示同意,那么手术会在第二天进行。工作人员会建议她们用镜子观察自己的宫颈;如果她们愿意,甚至可以自己把导管插入身体。手术结束后,所有人会围在一起喝茶、用餐,进行最后一次讨论。这一切都是免费的,一些做过手术的女性后来成了陪护人员。

您已经明白,抽吸式堕胎完全是一种女性主义的战斗行为。它可以让女性重新拥有自己的身体,通过在女性之间谈论健康和性,让她们获得能力和知识。这有赖于人与人之间的联结、对话、亲密以及女性之间的姐妹情谊,此外,还需要信赖的氛围。这其实意味着摆脱了资本主义制度,改变了终止妊娠方面的社会不平等,因为一切服务都是免费的。

正因如此,这一方法有效地传播开来。一些人(不论男女)接受了培训,法国的各个地方都出现了诊疗室。更加可喜的是,1973年之后,因为堕胎而死亡的人数大幅度减少。这一方法取得的成功很快引起了政府机构的关注。西蒙娜·韦伊在她的回忆录中写道，在她上任前进行权力交接的时候，前任部长米歇尔·波尼亚托夫斯基建议她尽快改革堕胎法，不然的话，"某一天您来上班时会发现，一群'争取堕胎与避孕自由组织'的成员已经占据了您的办公室，准备实施一台堕胎手术"。然而，抽吸式堕胎也遭到了女性主义阵营中一些人的痛恨：以吉塞勒·哈利米[1]为中心的一些女权主义者坚持认为，争取自愿终止妊娠的战斗应该在法律规定的范围内进行。

1975年，韦伊法最终解除了堕胎禁令，这实在是一个巨大的胜利！但是，它又再次把自愿终止妊娠置于医疗机构的管理下。"自助运动"、女性互助、女性重新掌控身体，这一切都结束了。导管、扩张器和针筒再次被纳入医疗机构的管理体系，有时这些医疗机构对想要终止妊娠的妇女们并不友善。因此，一些激进的组织继续存在了好几年，为了坚持互助，坚持更体贴、更尊重的陪伴，或者为了帮助未成年少女、外国女性以及无力支付手术费用的女性。遗憾的是，互助组织被起诉，

---

[1] Gisèle Halimi（1927—2020），法裔突尼斯律师、女权主义活动家和政治家。作为法国女权主义的代表人物，她是签署1971年《343宣言》的唯一律师，也是1972年"博比尼审判案"中被指控非法堕胎妇女的辩护律师，以及1978年Tonglet-Castellano案件的辩护律师。Tonglet和Castellano是1974年轮奸案的受害者，该案于1978年受审。哈利米对该案的辩护，促使法国在1980年通过了一项新的法律，明确界定了猥亵和强奸的区别，前者为轻罪，后者为重罪。此前在法国，这两种行为都按轻罪处理。她与波伏瓦、让·罗斯唐等人共同开展了"选择女性事业"运动（Choisir la cause des femmes），促进了1975年《自愿终止妊娠法》（韦伊法）的推行。

活动家们精疲力竭，此类艰苦作战不得不结束了。

您或许会问我：那打气筒又是怎么回事？

我现在就要说说这个东西。

1974年10月，韦伊法案（当时法案的具体内容还未公开）提交前的几天，女性杂志《嘉人》刊登了一篇让娜·多德曼撰写的报道，讲述了"争取堕胎与避孕自由组织"在巴黎设立的诊所，杂志毫不犹豫地把手术照片作为配图，其中的一张照片引起轩然大波：照片中是个年轻女孩，她躺在那里，双腿分开，正在用一个普通的自行车打气筒给自己堕胎。其实，如果把阀门倒置，气筒就可以吸气，从而有效地替代针筒。因此，一些目睹过这种堕胎方式的女人和男人都表示它的确存在。比如，弗朗斯瓦丝在无国界医生的会议中就提到过这样的操作方式。

参考资料

在这部分我参考了两位女研究员的重要研究。

一位是比比亚·帕瓦尔,我引用过她的博士论文,也可以参考她撰写的许多文章,比如《当医学技术变成一种运动:争取自由免费堕胎运动中的卡曼式抽吸法(1972—1975)》(《当代社会》2012年1月第85期,第43—63页),《〈嘉人〉杂志中的避孕与堕胎(1955—1975):从测温法到卡曼式抽吸法》(《媒体时代》2009年1月第12期,第100—113页)。我要感谢她给我看了我在本章中提到的刊登在《嘉人》上的文章。

另一位研究者是露西尔·吕奥,2017年,她在里尔进行了博士论文答辩,题目是《窥器、导管和镜子:"争取堕胎与避孕自由组织"和女性健康运动,在女性主义战斗与堕胎医学产业之间的法国(1972—1984)》,其中有些内容后来发表在文章《堕胎史和卡曼式抽吸法:关于一种技术及其在法国自由堕胎运动中的作用》(《当代社会》2021年1月第121期,第139—170页)。以露西尔·吕奥的研究为基础,贝亚特丽斯·卡默勒撰写了一篇重要文章,即《卡曼式抽吸法,关于一段被遗忘的法国地下堕胎史》(发表在《石板》上,2017年5月31日)。

从卫生巾到节育环：20个物品见证女性主义200年

卫生巾、卫生棉条、月经杯和内裤

2015年11月11日，女权主义团体"若尔热特·桑"[1]在巴黎举行示威游行，原因是国民议会否决了一项预算修正案，该修正案提议将经期用品的增值税从20%降至5.5%，而这些经期用品也是最重要的生活必需品。女性主义者聚集在巨大的卫生棉条后面，卫生棉条被染成了红色。同一天，在斯特拉斯堡发生了另一场反对"卫生棉条税"（月经产品增值税）的游行活动，有人把沾满血迹的内裤挂在绳子上当作横幅。

出于同样的目的，为反对否决降低增值税法案，女权主义团体"内裤门"（Culotte Gate）通过邮局将大约200条染成红色的内裤——她们明确说这并不是真的经血——寄给了当时的政治人物，包括曼努埃尔·瓦尔斯和总统奥朗德——但是，她们没有收到任何回复。因此，无论是在法国还是在欧洲，经

---

1 "Georgette Sand"这个名字与法国女作家乔治·桑有关。George是男性名字，Georgette是它的阴性形式。——译者注

期用品既是女性主义斗争的工具，也是其斗争的目的。

月经以及相关物品很晚才登上公共辩论的舞台，进入女性斗争的视野之中。也许是因为女性内化了与月经相关的负面想象，也可能因为其他斗争一直都占据上风。奥兰普·德·古热、让娜·德鲁安、于贝蒂娜·奥克莱尔都不曾公开谈论过她们自己的月经。在这一点上，马德莱娜·佩尔蒂埃独树一帜，可能是因为她曾受过医学教育，所以能对一切直呼其名，月经就是月经。在谈论卫生巾和卫生棉条之前，我们已经谈论过避孕药、探针、衣架和棒针，当时最重要的是夺回堕胎的权利，这很容易理解。

直到20世纪60年代末及70年代，女性主义者才开始关注这一问题。这首先是因为生态女性主义的兴起，它将对自然的剥削与父权制压迫联系起来，从而促使女性再次掌控自己的身体，其中就包括月经。由于与月球周期相关，月经受到了重视。让月经"再次被看见"也是"自助运动"的核心，正如我们在前一章看到的那样，该运动发生于20世纪70年代，宣扬并推动女性在妇科健康方面的自主权，帮助女性重新建立对自己的身体及月经的正面认知，帮助她们实现自我观察，思考治疗方案和控制月经血量的方法。这实际上是宣告月经并不肮脏,也不羞耻,更没有必要忍受痛苦。因此,20世纪70年代,月经禁忌被打破,确立了月经作为政治议题而非私密话题的地位。2005年左右,兴起了更加明确的针对经期用品的斗争。

女性主义者最终关注到这一问题,是因为月经是性别歧视者、厌女者和反女权主义者特别喜欢抨击的目标之一。自古以来,月经就被描述成恶心、肮脏、可怕的东西!老普林尼曾这样写道:"当女人进入经期,她周边的酒会变酸,她触摸过的种子无法发芽,她旁边的蜜蜂会成群死去,铜和铁马上会生锈,并散发出令人作呕的气味……"19世纪,大家总是害怕处于经期的女人熬制糖稀或者搅拌蛋黄酱。

在很长一段时间里,经期用品都很简陋而且令人极不舒适。我记得,奶奶看见我最初使用的卫生巾时露出了欣喜的表情。她告诉我,她在我这个年纪必须把一块块布用别针夹起来,等到天黑了悄悄地洗干净,不能让她的爸爸看到。经血是肮脏的,不会出现在广告上,所有广告尽其所能用蓝色的液体来吹嘘卫生巾强大的吸收能力。更糟糕的是,制造商一心只关注卫生巾的吸收能力,反而没有好好关注——这是一种间接肯定的表达——卫生巾和卫生棉条的化学成分,一些月经产品被发现含有有毒物质和内分泌干扰物。月经杯和月经裤在美国出现后,过了好些年才跨过了大西洋。所有这一切都给女性的生活带来了沉重的负担——平均而言,女性一生要经历450

个生理周期。尤其不公平的是，这些产品被征收的税很高，而女性每个月的好几天、一生的好几十年都需要使用这些产品。但是，您知道，它们却不属于应当降低增值税的"生活必需品"……结果就是，对最为贫困的人群而言，获取经期用品很不容易且价格昂贵。此外，痛经问题尚未引起太多关注或者研究——关于子宫内膜异位症的研究不过是近十几年才开始的……最后一点，如果一个女人在来"大姨妈"[1]时表示自己情绪不佳，没有人会回应她，请有这样遭遇的人举手示意！

　　于是，月经以及经期用品就成了女性主义斗争的目标。必须打破禁忌，让大家看到鲜血，揭露经期用品的毒性，反对征收高昂增值税，必须消除月经贫困，在学校和监狱设置免费取用机，向居无定所的妇女发放经期用品，推动子宫内膜异位症的研究、筛查和治疗。

　　我可以列举很多运动。比如，2017年11月10日到11日夜间，女权主义团体"失眠"发动了一场运动，她们把巴黎许多喷泉的水都染成了红色，以此打破月经禁忌——"我们的月经，他们并不在乎。"比如，许多人支持女权主义团体"若尔

---

[1] 原文为"ragnagnas"，是法语中指代月经的俚语，常用来避免直接提及月经，带有轻视、调侃的意味。

热特·桑"提出的反对卫生棉条增值税的运动——2016年，卫生棉条增值税终于降至5.5%，但斗争仍在持续，她们的目标是把卫生棉条增值税降至2%。此外，还有各种消除月经贫困的运动。比如，2019年，女权主义团体"巴黎女孩"发起运动，她们在社交网络上发表了染成红色的白色内裤图片，以及同一年女权主义团体#CaVaSaigner发起了运动，发出这样的呼喊："把你们的牛仔裤、'照片墙'限时动态和地铁座椅都染成红色！无论是真血还是假血，只要是红色就可以！让我们告诉大家，月经与世界上每一个人都息息相关。"在法国，21世纪第一个十年快结束时，一群女性推动了月经裤的传播和商业化，比如"芬波"品牌、马里内·茹阿雷和格温德琳·茹阿雷创立的"西蒙娜"品牌、"慕芙"品牌——这只是众多品牌中的几个而已，后来，各种内衣品牌都相继推出了相关产品。

这些斗争不只发生在法国，经期用品已经变成了一种反对征收卫生棉条增值税的武器。在此可以向你介绍德国女性主义者埃洛内（Elonë）的行动。2015年，她把印有口号——比如"想象一下，男人像厌恶月经一样厌恶强奸"——的卫生巾贴在了卡尔斯鲁厄市[1]的墙壁上和柱子上。我期待着有一天，脏兮兮的卫生棉条被扔到某个犯了强奸罪的部长或者电影导演

---

1 德国西南部城市，属巴登-符腾堡州。——译者注

的干净衬衫上，想象一下他们愤怒的尖叫！如今，月经、卫生棉条、月经杯的图片到处可见。尤其是，月经杯被看作比卫生棉条和卫生巾更加安全、生态环保、价格低廉的替代物，在当下已经成了当代女性主义的象征物之一，它被印在T恤上，成为耳环和胸针的灵感，还出现在各种口号里。因为，实际上，"杯子已经满了！[1]"

---

1 原文是"La cup est pleine"，出自《圣经·耶利米书》，故事中耶利米用盛满酒的酒杯喻指耶和华的愤怒。女性主义者借用这一典故作为斗争口号，用杯子指代月经杯，对抗根植于月经羞耻、月经禁忌中的月经贫困问题。

参考资料

您想要了解更多关于女性的月经及其历史、表现形式、虚构与想象吗?有一本书绝对不能错过!那就是埃莉斯·蒂埃博撰写的《这是我的血:关于月经、拥有月经者与塑造月经者的历史》(发现出版社,2017)。

《堕胎与人口减少》

马德莱娜·佩尔蒂埃,《参政权扩大论者》,1911年5月。

1911年5月,女权主义者、参政权扩大论者马德莱娜·佩尔蒂埃在报刊《参政权扩大论者》上大力驳斥反对女性选举权的言论。虽然这篇文章没有谈及经期用品,但我还是要在这里介绍一下它,因为据我所知,这是第一篇公开谈论月经的女性主义文章。

最近,《进步资料》杂志突发奇想,面向不同职业领域的"成功人士",如参议员、国民议会议员、研究所的研究员、教授、小说家等,开展了一次关于女性选举的调查。

调查结果显示他们中也有各种各样的态度。在研究所、参议院和国民议会,有思想很先进的人,也有思想很落伍的人。

反对我们解放的论点没有什么新意,比如"反动"有危险,女性的任务是保持魅力,以及存在生理障碍——严格来说,这些障碍即使没有阻止女性选举,也以最明确的形式禁止她们在国民议会获得席位。……

这些障碍究竟是什么?我向您保证,它们一点都不神秘;

大家用一些可怕的字词来掩盖它们，只不过是为了让无知的人、天真的人和围攻我们事业的人——这些人追求的就是刺激——留下深刻的印象。

所谓生理障碍，意思很简单，就是指女性每个月都会来月经。这是个挺有意思的发现，难道不是吗？我敢肯定，我批评的那些"智者"，当他们让自己的女佣干活儿时，可不会去想女佣是否来月经。雇用女工的老板在这个问题上也是同样的嘴脸，他们才不会考虑女工是否来月经。日薪三法郎的工作没什么，一旦涉及年薪一万五千法郎的工作，原本在艰苦的体力劳动中没有被视作障碍的东西，突然之间就变得完全不能接受了。

每个月要失去一定量的血，这根本不是坏事，从某些方面看反而是好事。通过月经，身体中积累的毒素可以有效地排出[1]，因此，或许没必要再去思考女性比男性长寿的原因了。

通常来说，女性来月经时不会觉得痛苦。一些女性在这段时间会觉得有点疲乏；另一些女性会感觉腹部有些疼痛，但这些都不妨碍她们正常做工或上班。就像头痛时一样，她们吃上一颗止痛药，就能继续工作。有时，女性在月经到来时会觉得

---

1 本篇写于1911年，受限于当时的医学背景，这一观点并不完全准确。经血由血液（约75%的动脉血和25%的静脉血）、子宫内膜组织碎片、活性酶及多种生物因子组成。"毒素"一词通常用于指代对身体有害的物质，而月经是人体的正常生理反应，经血中并不含有毒素。

有点"烦躁",显得不耐烦,和人说话有点冲,但是大部分时候,这种烦躁的状态不会持续很久,只在月经到来之前的几个小时发生,一旦月经到来,就会消失。我要重申一下,这些烦躁的症状并不普遍,只在极少数情况下发生,而且也不是每次来月经都会有这样的症状。

因此,除非以为读者无知透顶,不然怎么敢说"生理障碍"不利于女性的政治解放?就好像男人永远都不会疲乏、永远都不会烦躁一样!当克列孟梭[1]提到法绍达事件[2]时,他说了一句不合时宜的话,以致被赶下了政坛,那时他是不是也处于月经期?还有白里安[3],因为害怕激进的多数派,他声称必要时可以违背法律,那一刻他是不是也处于月经期?

---

[1] Georges Clemenceau(1841—1929),曾任法国总理。
[2] 指1898年英、法两国为争夺非洲殖民地而在尼罗河上游的苏丹小镇法绍达(今科多克)发生的冲突事件。
[3] Aristide Briand(1862—1932),法国政治家、外交家,法国社会党创始人。——译者注

《她将一直如此坚定》（节选）

伯努瓦特·格鲁，格拉塞出版社，1975年。

在《她将一直如此坚定》这本书中，伯努瓦特·格鲁在第三章分析了女性在广告中的形象，同时还分析了经期用品广告。

这种消费至上的信仰走到了极致，女性的形象也变得滑稽可笑，一段时间以来，女性杂志上宣传的这些"女人味儿"的东西让我们崩溃——我读到的这一表达，是为了让人相信女性只有在缠着"绷带"的时候才真正是她自己。最近几年里，我们每个月的月末都充斥着白色的百合花、山茶花和丁香花：这些白色的花象征了流血的日子。没有任何一个生产商敢用天竺葵或鹅莓做广告！这一切都缺乏真实性：缥缈的风景，空灵的身影，吹嘘着我小时候被大家称作卫生巾的东西。这些广告就像印章一样抽象。现在，大家都优雅地把它们称作"经期用品"或"每月必需品"，但是，表达虽然越来抽象，形象却越来越明晰。不再是穿着宽裙的年轻女性，更多的是穿着极其贴身的紧身三角裤的丰满臀部，四层厚、带防水层的衬垫，和实物一样大小，充满整个页面，有细绳的卫生棉条在水杯里涨到了三倍大……为什么不加上一杯红酒呢？照这样子继续下去，是不是就会出现一个使用过的卫生棉，来证明它有极好的吸收力且不会渗透？有了这样一个"吸血怪"，就再也不怕侧漏了，它可是很喜欢吸您的血呢！

  隔了几页，作者觉得女性杂志"缺少趣味性"，她自己想象出一份刊物《夏洛特周刊》，它"将是一种解放，一种健康的消遣"。

大家都很快习惯了粗俗，这实在太可怕，而这种粗俗对应的其实是真实或必要性。我还记得一开始在《查理周刊》上看到卡万纳、卡布、雷塞和沃林斯基等漫画家对丹碧丝卫生棉条的讽刺时内心泛起的恶心。这些不信教的记者打破了禁忌，竟然在光天化日之下嘲笑我们悄悄谈论的东西。之后，我慢慢阅读这些下流的玩笑，我看到男人、我的家人也阅读这些作品，心中产生了一种解放的感觉，就好像这些画终于祛除了这个可耻的秘密仪式。尚未从中世纪的无稽之谈和原始诅咒中解脱出来的女性一直都在进行这样的仪式。

  我觉得自己现在完全可以让卡万纳去给我买丹碧丝卫生棉条！他是唯一一个我会毫不迟疑让他去做这件事的男人，因为，他觉得丹碧丝卫生棉条很好笑。他可是给我送了一份好礼呢！

第四章

争取工作自由的斗争之物

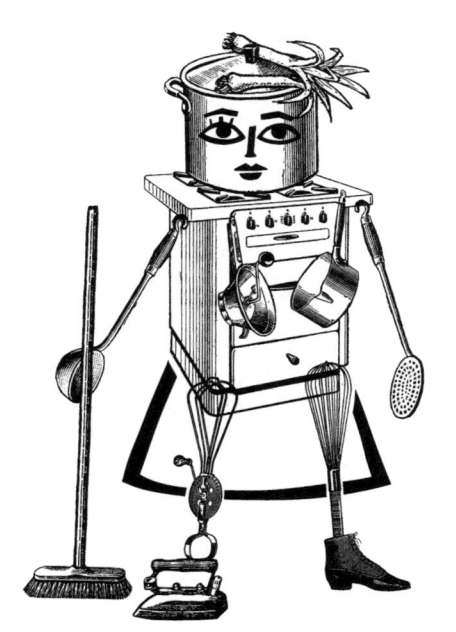

从卫生巾到节育环：20个物品见证女性主义200年

面包与玫瑰

按照本书标题的要求，最好要有一章内容与玫瑰相关……一开始我感觉无从下手。提起玫瑰，更多的时候我想到它似乎是专门赠给女性的花，因为每年的3月8日，商店、公司、各种各样的政府机构总是会送玫瑰花给自己的女顾客、女员工，以庆祝这一"女性的节日"。玫瑰大部分时候让人想到的是永恒的女性，美好却脆弱，悦目却易逝，那又如何把它和女性主义联系在一起呢？

"3月8日，我们要权利，也要玫瑰！"
2018年、2019年、2020年、2021年、2022年
这几年的3月8日都提出了这一口号！

后来，机缘巧合之下，我终于找到了方向。一次，我在查

看电子邮箱时，忽然看到名为"面包与玫瑰"[1]的女性主义与反资本主义组织发给我的一封邮件，它邀请我在一篇专栏文章后签名，以支持很可能将要被剥夺堕胎权的美国女性，当时正是2022年春天。对啊，就是这个！Bread and Roses[2]！1912年取得胜利的美国劳伦斯纺织女工大罢工，被传唱的女性主义颂歌，1995年加拿大魁北克女工游行！所以，我要写的就是具有国际意义的玫瑰！

"我们要面包，也要玫瑰！"
1912年，马萨诸塞州劳伦斯女工罢工口号

20世纪初，美国的工业化正如火如荼地发展。新兴的泰勒制下从事低级工作的工人基本都是女性、儿童以及移民，也就是说，这些工人通常是非常年轻的移民女工。老板付给她们的工钱极低，却让她们在极其恶劣的环境下超负荷工作。当时美国主要的工会联盟美国劳工联合会只接受有技术的工人，要求必须是男性、白人且有美国国籍。之前发生的好几次罢工都鼓动悲惨的无产阶级起义，比如1908年芝加哥、1909年纽约的工人大罢工，以及1910年芝加哥再次发生的大罢工——最终在1911年年底迫使国会同意减少女性与儿童的工作时间：每周的

---

[1] 该组织的法语名为"Du Pain et des Roses"，西班牙语名为"Pan y Rosas"。
[2] 英文，意思是"面包与玫瑰"。——译者注

工作时间从56小时减少至54小时，工资保持不变——是的，是54小时，我并没有写错……

美国毛纺公司在劳伦斯雇用了——应该说"剥削了"——两万多名男工和女工，老板们并不接受这样的结果。1月中旬，当女工们拿到自己的工资时，却发现被扣除了法定的两小时工资。于是，大家喊着"我们要面包，也要玫瑰！"的口号开始罢工，怒火点燃了一个又一个纺织厂。女工的罢工声势浩大，不但导致生产停滞，而且推动了女性工人运动的改革。纺织厂的女性无产阶级，尤其是移民女性无产阶级，并不清楚美国工人运动的传统方式，因为美国的工人运动并不关注她们的命运。由于女性和外国移民无法信任传统意义上的工会代表，于是她们自行组织起了每日的民主大会。人们讲着25种不同的语言、50多种方言，但这根本不重要！女工们计划在工厂附近建立一支精简的、流动的罢工纠察队，以此阻止工厂雇用其他工人来破坏罢工。这是一条由女性构成的战线，历史上闻所未闻！她们成立了专门照看小孩的日托机构。因为大孩子在学校受欺凌，参加罢工的女性还建立了同等水平的学校，以此保护这些孩子，同时也向他们解释游行的相关情况。劳伦斯的女工们并未得到美国劳工联合会（AFL）的支持，但是她们获得了年轻的组织"世界产业工人联合会"（IWW）——一个社会主义无政府组织——在人员、金钱与物资方面的援助。

随之而来的镇压极其恐怖。警察们向聚集在工厂门口的女人们喷水，1912年的冬天极其寒冷，水很快就在她们的衣服上结成了冰。拳打脚踢如雨点般落下，接着是子弹。一位二十三岁的意大利女工被杀害。饥饿威胁着所有人的生命。于是，世界产业工人联合会着手安置儿童，全国各地400多个志愿者家庭参加了这一活动。但是，当最早的一班列车离开劳伦斯前往纽约时，警察开始发动攻击，殴打孩童，一时间引起了全民激愤，很快又引起了国际社会的不满。于是，各种援助纷至沓来，声援会议陆续召开。1912年3月，工厂老板不得不做出退让，在工作时长上让步，在工资上让步！

那么，"Bread and Roses"这个口号究竟从何而来？

此口号源于一位参政权扩大论者、劳工监察员海伦·M. 托德于1910年6月在"芝加哥女性俱乐部"的一次讲话。这一表达切中了要害，海伦在各个场合不断提及，尤其是在面对女工讲话时。1910年秋天，芝加哥罢工发生时，一些女性在标语牌上写上了这句话。次年，加利福尼亚爆发了广泛的妇女参政运动。这一口号再次彰显了威力，罢工最后取得了胜利，加利福尼亚的妇女获得了选举权！为了纪念这一斗争运动，1911年12月，詹姆斯·奥本海默在世界产业工人联合会的一份报刊上发表了一首献给西方女性的诗歌，您怎么也不会猜到，这首诗歌的标题就是 *Bread and Roses!* 它被好几份左派报刊转载，从而推动了这一口号的传播，这就是为什么劳伦斯的女工会再次使用这一口号。此后，此口号也成了美国妇女参政运动的象征。

或许你会问，为什么是Bread and Roses？面包与玫瑰，代表了必需权利以及除此之外的附加权利，类似于实用与舒适、奶酪与甜品！因此，玫瑰不是指永恒的女性，而是指美好的世界、有尊严的生活，这是备受压迫的女性的迫切要求。劳伦斯罢工胜利后，1912年6月，参政权扩大论者、工会会员罗丝·施耐德曼（她的名字中恰恰有"玫瑰"这个词）在一次讲话中解释道："工作的女性想要的不仅仅是生存权，还有生活的权利，和富裕的女性一样生活的权利，包括享受阳光、音乐和艺术的权利……女工应当拥有面包。此外，她也应当拥有玫瑰。"

之后，1912年年底，奥本海默的诗歌被卡若琳娜·柯乐萨谱成了曲子，1952年又被琼·贝兹的妹妹米米·法里尼亚改编成了歌曲。1995年，魁北克女性主义者弗朗斯瓦丝·大卫组织了一次反对贫困、反对针对女性的暴力的女权主义大游行，主题也是"面包与玫瑰"，同名歌曲在游行中被广泛传唱。之后，我们可以发现，英国导演肯·洛奇有一部同名电影，这部电影讲述了一个在洛杉矶一栋商业大厦里饱受剥削的墨西哥女清洁工为了改善工作条件、获得工会权利而斗争的故事。但是故事尚未结束！后来这一表达从美洲大陆的北方传到了南方。2003年，一个名为"面包与玫瑰"的托洛茨基女性主义组织诞生于阿根廷，以此纪念参加劳伦斯罢工的女工及移民。之后，这一组织慢慢扩散到了整个美洲次大陆，进而抵达欧洲，并于2019年进入法国。因此，在近几年法国的女性主义游行中，我们可以看到1912年劳伦斯女工使用的这个口号。

参考资料

如果您想要了解更多关于美国工人运动、女权运动,以及美国历史上所有被压迫者和边缘人群的运动,先打开霍华德·津恩撰写的《1492年以来的美国人民史》(法译本,战斗出版社,2003)准没错!

《面包与玫瑰》[1]

工人诗人（世界产业工人联合会会员）詹姆斯·奥本海默献给西方女性的诗歌。法语译者不详，《美国杂志》，1911年。

向前进，我的姐妹们，向前进！
我们清亮的声音，
穿破厨房的昏暗、工厂的阴郁，
引领着我们走向快乐，
走向阳光灿烂的生活。
让我们一起歌唱："面包与玫瑰！面包与玫瑰。"

向前进，我的姐妹们，向前进！
我们也是为男人斗争，
他们是女人的孩子，
我们像母亲一般。
够了！生活不该只有血汗劳累。
要给我们面包，也要给我们玫瑰。

---

[1] 这首诗歌的法语版与英语版有一定的差异。——译者注

向前进，我的姐妹们，向前进！
穿过墓地，无数的女性，
通过我们的呐喊，要求获得面包。
没有美，没有爱，她们的命运就是苦苦干活儿！
我们战斗是为了面包，也是为了玫瑰！

向前进，我的姐妹们，向前进！
迎接我们的将是更美好的明天；
妇女的进步，也将惠及全人类，
剥削到此为止；
不会再让许多人受苦、一个人享福，
每个人都有自己的面包和玫瑰；
面包和玫瑰。

读客女性主义文库

"机械玛丽""温顺的家庭主妇"和机器人夏洛特

想象一下，这是1975年3月的一个上午，天气晴朗，您正在巴黎拉德芳斯的新兴产业与技术中心参加家政艺术博览会，欣喜地发现了最新款的切碎—烹饪—搅拌一体机，还有最新款的燃气灶，以及连猫毛都能完全吸干净的吸尘器。忽然，传来一阵喧哗，接着是呼喊声，一大群女人蜂拥而至："拒绝家用电器！加强社区设施建设！家政艺术，只不过是美化女性双重工作的艺术。"

或者是这样一种场景……

想象一下，您参与了"妇女解放运动"，刚刚投票通过了允许自愿终止妊娠的韦伊法。1975年，这对全世界女性而言都是一个重要的年份，至少联合国是这样宣布的[1]。您知道在这一年的春天，拉德芳斯会举办家政艺术博览会，其间举办"最

---

[1] 联合国将1975年定为"国际妇女年"，并于这一年在墨西哥召开了第一次世界妇女大会。

佳家庭主妇""最佳贤妻良母"比赛，亮相的主要家电品牌是"万能"，早在1961年该品牌就吹嘘自己已经"解放了女性"。但是您肯定听到了这样的口号："不要解放我们，我们自己可以做到！"这天是3月8日，国际劳动妇女节。或许我们可以先去拉德芳斯转一圈，然后再去巴士底狱广场参加示威游行？

来博览会抗议的大约有200位女性主义者，她们来自"妇女解放运动""争取堕胎与避孕自由组织""阶级斗争""战斗的女性"等女权主义团体。她们遭到了参展商的辱骂："你们还是去苏联劳改营敲石头吧。你们自以为解放了，可是连怎么打扮自己都不知道呢！"甚至有人朝她们扔杂物，比如水盆、石头和鸡蛋。她们才不管呢。她们聚在一起，团结一致。她们发传单，上面写着"不，万能牌小家电没有解放女人"，她们举着标语牌，放声高歌。她们抨击"对女人的规训和贬低"、双重工作等问题，要求同工同酬、男女家务分工、加强社区公共设施建设等；在此基础上批判消费社会，捍卫家用电器行业的女工权益。

更重要的是，当天，这些女性并不是唯一扰乱博览会的人。汤姆逊家电公司位于蒙特勒伊的格兰丁工厂濒临倒闭，那里的工人——主要是女工——在该品牌的展台上举行了抗议行动。这些女工在法国共产党党员、地方书记玛蒂尔德·安杰洛尼（Mathilde Angéloni）的有序领导下，自1975年2月以来就一直在斗争：占领工厂，占领汤姆逊公司总部，占领女性事务部女部长弗朗斯瓦丝·吉鲁的办公室，甚至占领了法国电视一台晚上八点档新闻的办公室。展会上，她们举着反对关闭工厂、反对女性失业的横幅，散发传单。10月，她们取得了胜利！

她们并不是最早利用博览会争取女性权利的人。1936年，路易丝·魏斯与十几位妇女参政论者一起，占领了一个厨房展台开始做饭，还在展台上贴满了写着"**法国女性应该投票**"的海报——我在《你将永远在墙壁上看到我们的支持》那一节写到过的场景。

必须承认，博览会是一个理想的目标。1923年以来，大家总是会用博览会这种形式展示最新的"家政艺术"产品——所谓的"家政艺术"听起来好听，其实是用来指代我们不愿称之为"工作"的家务劳动，即所有由女性负责的家务活儿。

虽然性别分工已经有了好几百年的历史，但是在19世纪，家务活儿的负担变得更重了。因为巴斯德在显微镜中发现了微生物，所以做家务变成了卫生清洁工作！女性不仅要保持家里环境的整洁，而且要彻底清除细菌、微生物和霉菌！此外，多数中产阶级家庭保持着根深蒂固的传统，即根据性别区分公共事务和私人事务：先生，中产家庭的妻子是不工作的。但是这绝不意味着她可以很清闲。哦，不，简直就是灾难，她可以看书，更糟糕的是，她可以全身心投入……不，我简直不敢想象。中产家庭的女性，要忙的事情太多了。从早到晚打扫房间，就是一个大工程。通常大家都觉得女性是被关在家里做家务，但实际上恰恰相反：家务活儿实在太多了，迫使女性不得不留在家里。学校从最低的年级就开始培养小女孩保持整洁的能力：自19世纪80年代初以来，在公立小学和私立中学的课程设置中，可以看到关于清洗、漂白、清洁、整理、缝纫、缝补等各种家务技术的课程。因此，著名的家政艺术博览会是在教育部的赞助下举办的，这一点都不令人吃惊。性别化色彩浓厚的儿童报刊强化了这种观念，为女孩设计的各种玩具则让她们接受相关的训练。等到她们成年，女性杂志又接替了之前儿童杂志的任务，提供裁剪图案、烹饪食谱，以及针对女性的各种各样的建议。

家长式的老板还在他们建造、控制的工人住宅区建立家政学校。在与朗斯11号矿井相邻的名为"外省人"的矿工住宅区，建有缝衣室、洗衣室和园艺教室。有人教年轻的女孩做饭、整理、衣物护理、缝补以及裁剪方面的知识——仅限于与家庭日常生活相关的内容。矿工协会提供了缝补衣服的材料。男老板们是为了让不在矿井工作的女性和未成年女孩有事可做。他们还觉得，如果男工回到家能有一碗热汤喝，能看到一间整洁的屋子，下班后就不太会想去咖啡馆——在那里容易滋生罢工的想法。

要知道，在20世纪中期以前，家务活儿非常繁重，累人又费时：要把数千克的衣物放到洗衣池里，搓洗好几个小时；没有自来水的时候还要拎水；要准备一日三餐；要缝补衣服。经济宽裕的家庭有女佣帮忙做事，比如洗衣工、熨烫工、缝补工——依然还是女性，只是在这种情况下女性把她们所做的事看作一份工作，尽管报酬非常低。

20世纪20年代，许多妇女开始抨击家务劳动造成的沉重负担。但是，她们并没有因此而提出夫妻共同分担家务，而是思考如何减轻家务负担。这就是波莱特·贝内热（Paulette Bernège）所做的事。这位法国女记者常常谈论的话题之一是如何改善家务劳动环境。1921年，她成立了家务组织工会。1925年，这一工会变成了协会。1928年，她创作了《论做家务的方法》——成了一本畅销书！她的理念是：在家庭实施F. W. 泰勒的科学管理理论，改善女性的工作空间，也就是厨房、洗漱间的设施；完善工具，以避免无用的动作；节约劳动力；努力避免浪费时间和无效的移动。这其实是一种家庭式泰勒制，只不过工作的只有一个女人，那就是妻子。

波莱特·贝内热思考得更加深入，她考虑到了房屋的问题，指出了这一事实：建筑师，确切来说是所有的男性建筑师，在画图纸的时候，都根本没有考虑到女性，也没有考虑到她们要做的家务活儿。她不仅提出房屋的设计要有利于简化家务活儿——太棒了，再也没有很难打扫的装饰线脚，厨房和餐厅之间再也没有长长的走廊，只有易于打扫的平面，而且她还鼓励女性走进建筑师事务所宣传这些理念——她在1928年创作的《如果由女性来设计房屋》一书里详细阐述了这些理念。专业设计师——当时大家并不这么说——夏洛特·佩里昂（Charlotte Perriand）去了勒·柯布西耶的工作坊，为他讲解更加实用的家具知识。甚少有人知道，正是她设计了1952年马赛住宅区"快乐城"的厨房吧台。

总而言之，所有这些活动的核心并不是质疑家务的性别分工，而是降低其繁重程度，只是家电制造商抓住了这一机遇。

家政艺术博览会既牵涉到非常重要的公共卫生问题，又与工业和商业利益密切相关。它依托的理念是，家务活儿都应当由家庭主妇承担，但是，可以提高她工作的效率，为此需要一些新型小家电帮助她。像波莱特·贝内热之类的人所做的事，是为了女性的利益，但是其他人考虑的通常是男性的利益——丈夫下班后能回到整洁的家，吃上可口的饭菜，还有一个容光焕发的妻子随时准备着伺候他！1930年，家政艺术博览会有了自己的吉祥物，或者说象征物：画家弗朗西斯·贝尔纳画的"机械玛丽"。这个机器人有着女性外表，她的内脏是齿轮，拿着一把扫帚，没有脸。

年复一年，家电产品日臻完美——1956年，鲍里斯·维昂在歌曲《哀进步》中对此这样讽刺："家用搅拌机／用来制作沙拉酱／垃圾处理器／炸锅……烘鞋器／土豆炮弹／切番茄机／鸡肉处理器。"

要知道，20世纪50年代到60年代，女性慢慢回归了家庭。战后辉煌三十年，尤其是国家日趋稳定，社会福利提升，丈夫一人的工资就足以养活全家人，另外还有因婴儿潮而出现的家庭补助。但婴儿潮实质上是把女性困在了婴儿床旁边——要知道当时纸尿裤还没出现。有一段时期，法国女性的就业率——指从事有薪工作——是最低的，也正因如此，她们做的家务活儿最多！于是，工业家们就用许多创造性的发明来吸引这些绝望的主妇！让·芒特莱就是其中之一。

1953年，让·芒特莱发明了一款电动咖啡研磨机，取名为"万能咖啡磨豆机"——要知道，在那个年代，能买到的只

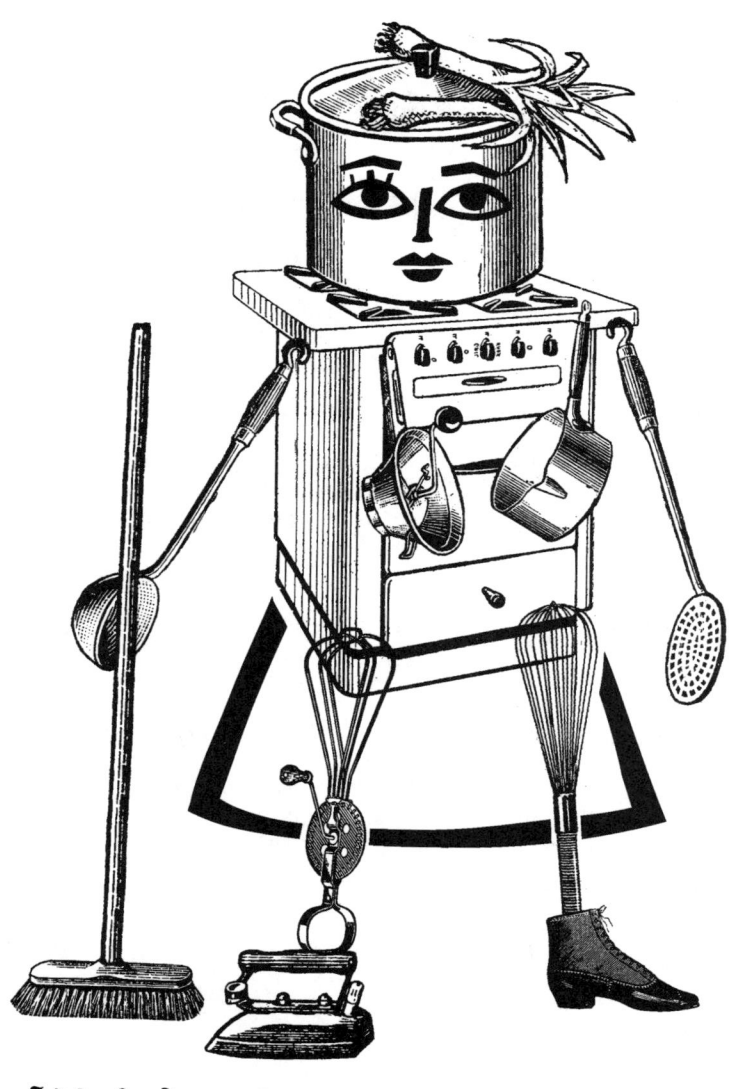

机械玛丽

物品做的女人。

有咖啡豆。几年后,这种机器的盒子上印上了"万能牌"。这意味着成功与财富。之后,让·芒特莱又发明了"万能切菜机",以及一系列的小家电,他用自己秘书的名字命名这些机器:机器人玛丽、机器人夏洛特、机器人苏济和机器人让内特。女机器人,机器女人……真不错。每年的母亲节,他都会推出一些新产品。需要我替您包装成礼盒吗?最重要的是,他还设计出了在广告史上具有历史意义的海报,海报上是那条著名的口号:"万能牌小家电解放女性。"狡猾的芒特莱!他开创性地推出了女性赋权广告[1]——用女性主义斗争作为产品推销的亮点,大力宣扬妇女解放并利用相关表达。在海报上,一名女子扯掉了家庭主妇的制服——围裙,举起双手,一副胜利者的姿态。

万能牌小家电解放女性……一方面,这意味着承认女性是被家庭牢牢拴住的囚犯;另一方面,这意味着是男性和技术解放了她们!如何控制、利用新兴的女性主义,服务于社会性别化角色的需要呢?……在该品牌的另一则广告中,海报再次印上了这一口号,并且左侧是扯下的围裙,右侧则是一个戴着加热蒸汽头罩的女人——的确是自由的时间,但这时间被用来做美容,所以……

---

[1] 原文是"femvertising",英文生造词,由"feminism"(女权主义)和"advertising"(广告)两个词合成,指借由宣扬女性力量和女性赋权宣传产品。——译者注

不管怎样，这招很妙。1950年，使用家用电器的家庭只占3%，1965年这一比例增至20%。到了20世纪70年代，这一比例迅速增加：70年代中期，当女性主义者包围博览会时，全国75%的家庭拥有一台冰箱，40%的家庭拥有一台洗碗机，65%的家庭拥有一台洗衣机。

只是，1975年，"万能牌小家电解放女性"这样的口号失去了曾经的说服力！女性主义者揭示了女性双重工作的处境以及家庭对女性的剥削。1970年，"妇女解放运动"的分支"阶级斗争"号召女性把一周的脏衣服扔在丈夫面前，第二年她们就占领了著名的家政艺术博览会。她们甚至改造了博览会的吉祥物，即每年都会出现的由贝尔纳设计的机械玛丽。她们制作了一幅"温顺的家庭主妇细节解剖图"，对贝尔纳所画的机器人的每个部分都作了阐释，充满了讽刺意味，揭露了真相："头的功能主要是装饰，这是次要元素""围裙：身体的装饰物，有多种款式""扫帚：众多可以嫁接到女性身上的配件之一"。"这个被大家称作'女人'的机器自古以来就一直存在。它默默地完成所有的家庭任务，它的沉默令人称赞。以一笔小钱——结婚的费用——获得它，它的回报率是100%。各种各样价格低廉的家电都可以嫁接到它身上：吸尘器、洗衣机、缝纫机、电动刀具，等等——这可实在是一笔好买卖！！！"整个抗议活动期间，她们粘贴并挥动着改造后的海报。

如今，男性更多地投入到家务劳动中——他们常常这么说，他们是在"帮忙"——但是，女性每天花在家务上的时间一直都比男性多。根据2010年法国国家统计与经济研究所作的调查，女性每天花在家务上的时间是四小时一分钟，男性则是两小时十三分钟。家务分担的不平等在许多其他领域都对女性有着重要的影响，如职业生涯、政治或者社会组织活动，这不仅阻碍了她们的发展，而且减少了她们休息娱乐的时间，更不用说带给她们的心理上的沉重负担了。

参考资料

我建议您阅读蒂蒂乌·勒科克的著作《解放了！女性主义战斗在脏衣篓前获胜了！》（法亚尔出版社，2017）。这是一部关于家务分工的女性主义论著，同时还包含一些历史性的回顾——这本书尤其分析了波莱特·贝内热这一女性人物。关于波莱特·贝内热，也可以读一读雅姬·克拉克的论文《作为教育学的家务分配：波莱特·贝内热与20世纪30年代到40年代新兴中产阶级的形成》（《工作、性别与社会》2005年第1期，第13卷，第139—157页）。2022年，法国国家档案馆组织了一次关于家政艺术博览会的精彩展览，我在那里看到了"机械玛丽"以及它的改造物"温顺的家庭主妇"。

我也推荐您看一看纳特·利林施泰因拍摄的关于1975年汤姆逊公司女工运动的纪录片《格兰丁工厂：胜利的理由》。此外，米歇尔·多米尼西拍摄的电影《家庭主妇被遗忘的历史》（2021）也值得一看，这部电影既精彩又震撼人心，是根据私人日记和家庭录影拍摄的。

读客女性主义文库

《万能牌小家电解放女性！》

1975年3月8日发行的小册子，后被《纵火的女人》转载，1975年第4期。

女士，您的丈夫送给您礼物，是为了让您能够在洗衣机转动、您加热奶瓶的时候同时准备饭菜。让洗碗机替代您，是为了让您再多做36件事，让您发现以前没时间做的新家务！

从工厂或办公室下班后，还有家务活儿在等着您。

万能、赛蒙、卡洛以及其他品牌的产品并不会减轻您的双重工作，它们只是节约了时间，让您干活儿干得更快。

◎ 正面：他们说出来的话。

他们讨好我们：

"女人值得更好的。"

是为了让我们相互比较：

"阿蒂尔·马丁会送给您更多东西"……

是为了让您节约时间：

"现在，万能牌电动小家电可以在几秒钟内完成您以前需要花很长时间才能完成的事。"

以及为了让我们提升厨艺：

"您刚刚购买的东西，再稍微用点心思，就可以让您变得比大厨还厉害：您会成为一位真正的烤肉专家。"

从还不错变成最佳，从女性变成男性，家庭主妇成了一位蓝带大厨。

◎ 反面：他们没有说出来的话。

对制造这些神奇的家用电器的女职员的剥削：

对她们而言，要承受最让人精神紧张的繁重任务，要随时完成上司的各种指令，工资却比男职员低。尤其是，一旦他们不再需要这些女性，就会解雇她们。

家用电器女工斗争：

去年在万能公司，今年在格兰丁工厂，都爆发了女工斗争。在今年的斗争中，500位女性占领了工厂，要求保留她们目前的工作。一台洗碗机的价格相当于一位家电女工三个月的工资。

对女性购买者的操控：

频繁变动的价格、频繁变动的标签（东西必须快点用坏、快点过时）。

他们如何向我们展示商品，让我们买下它们：

东西洗得特别干净，于是我们觉得幸福，

丈夫被服侍得特别到位，于是我们觉得满足，我们的身体被展示出来，于是男顾客蜂拥而来……

我们不希望无数繁重的家务劳动落到您的肩上，不希望我们每个人独自承担！

我们不希望每天都与时间赛跑！

我们不希望回到拿着洗衣桶和拖把的"旧时代"，回到女性一生都被困在四面围墙里的"旧时代"！
我们也不希望继续像现在这样，把家庭奴隶美化成贤妻良母。
她们每个人都在家里筋疲力尽，收集越来越贵的小家电！
我们也不希望"他"只是稍微多洗几次碗！

我们希望整个社会都能共同承担，这些几个世纪以来我们为所有人完成的免费劳动：拒绝双重工作！

我们想要的是生活的时间，而不是家用电器公司与其广告商狂赚利润！

要获得这样的时间，我们希望：
——每个社区都有一些免费且实用的公共设施（洗衣房、

全天候开放的托儿所、餐馆……），同样的机器，做同样的事，但可以服务更多的人！

——大幅度减少每个人的工作时间。

——同工同酬！

为实现这些目标而进行的斗争，正是致力于我们的解放，而不是通过弗朗斯瓦丝·吉鲁或者联合国的演讲！

更不是通过购买万能牌全套小家电！

社区和企业的女性组织，"纵火的女人""斗争的女性"。

第五章

争取穿衣自由的斗争之物

从卫生巾到节育环：20个物品见证女性主义200年

长裤之战

在本科一年级学生上课的阶梯教室里，告诉他们，20世纪60年代，女教授和女高中生都不可以穿长裤——只有当气温低于零摄氏度时才可以穿，但是外面必须再套上裙子。让他们回忆自己在高三时的穿着。引用巴黎警察局局长路易·莱皮纳在1904年的讲话："必须禁止妇女穿长裤，不然的话，她们就会失去在男人眼中全部的性魅力。"向学生们展示1887年玛丽-罗丝·阿斯蒂耶·德·瓦萨尔[1]为争取女性"穿衣自由"而写的请愿书，向他们呈现允许著名女画家罗萨·博纳尔穿男装的历史资料，看着学生们的眼睛越睁越大。最后，为他们讲述巴黎警察局局长于1800年11月7日（第一共和国成立第九年，雾月16日）下达的命令——禁止女性穿长裤，并发出警告，任何违背这一命令的妇女都要被关进警察局。终于，全教室的学生明

---

[1] Marie-Rose Astié de Valsayre（1846—1915），记者、女性主义者。她是法国第一位推动废除1800年禁止女性穿长裤的法令的女性。

白了长裤对女性而言，的确是一场战斗！

服装是性别化的，它们也参与了性别的构建。也就是说，在不同的地方和时代，男人和女人可能穿裙子——或者类似于裙子的衣服，可能穿长裤——或者类似于长裤的衣服。但是，在法国，从18世纪末到20世纪中叶，着装有明确的规定：男人穿长裤，女人穿裙子。不可改变。可能并不是所有人都能清楚地理解这一点，所以在1800年巴黎警察局局长把它变成了白纸黑字的命令。违反这一命令的人极少，提出破例的申请也极少，官方准许的例外情况就更少了。仔细思考一下，必须通过警察局下达的命令来规范穿着，这在很大程度上揭示了大众对违背性别化穿着的恐慌，以及服装的重要象征意义。

女性穿长裤有什么好处？首先就是终于可以摆脱长裙了！这种裙子不仅妨碍走路，还容易沾泥、被灌木绊倒——在《我的生活史》一书中，乔治·桑明确写道："还记得，在那个年代（帝国晚期），没有褶裥的长裙是那么紧，可以说，女人简直就是被装在套子里，如果不脱下鞋子，根本不可能顺利跨过一条小溪。"是该换下这些裙子了！它们不仅价格昂贵，而且很重，因为有好多层衬裙——更不用说让人透不过气的紧身胸衣和束缚身体的臀垫及裙撑了，我们之后还会再谈到这些！穿长裤行动就方便多了，可以走路、奔跑、骑马，到后来还可以骑车、旅行。进出男性占据的空间也更加方便，比如街道和咖啡馆。乔治·桑快乐地回忆道："无论天气好坏，我都可以奔跑。无论早晚，我想回来就回来。我前往每个剧院的大厅。没有人会注意我，也没有人怀疑我的乔装打扮。"通过成功的变装，可以瞒过征兵人员加入军队，可以骗过工头获得双倍的工资！路易丝·米歇尔在参加维克托·努瓦尔的葬礼时（1870年1月）穿了男士西服，她这样为自己辩护："别人自在，自己也自在。"长裤还可以阻挡车间里不规矩的手，避免风吹起裙子或者摔倒时吸引别人的目光。但是这一切要等到20世纪初才成为现实，因为直到那时女性的下装才"闭合"起来。以前，女性穿的是那种分腿、裆部有开口的短裤，这在经期非常不方便。一些女同性恋者会穿男士西服，以便和女性生活在一起，假装成一对异性恋人；在两次世界大战之间，在更加宽容的地方，比如酒吧、俱乐部，她们以这种穿着方式表明自己的性取向。这些地方也允许她们这么穿。

　　穿长裤也意味着拒绝性别区分、被边缘化和被性化，意味着彰显自己的自由、宣扬性别平等。1919年，马德莱娜·佩尔蒂埃这样写道："我之所以这样穿，是因为这很方便，更重要的是因为我是女权主义者；我的西装外套对男人而言意味着：'我与你是平等的。'"当时她留着短发，穿着正式的西装。

整个19世纪以及20世纪初，有一些女子选择穿长裤，有时这种选择是艰难的，因为会受到指责，或者被罚款。但社会对女艺术家比较宽容，比如罗萨·博纳尔，她是著名的动物画画家，在世的时候就举办过展览，获得过勋章；比如女雕塑家吉塞勒·戴什托克，或者之后的萨拉·贝纳尔；还有女作家，比如乔治·桑，她从未想要申请获得身着男装的特权；女旅行家，如考古学家亚内什雅内·迪厄拉富瓦，探险家亚历山德拉·大卫-内尔或伊莎贝尔·埃伯哈特。社会对女工也比较宽容：挖牡蛎的渔妇是最早能够穿长裤工作的女工——只要你试着穿长裙游泳，就能明白问题所在。第一次世界大战后，尤其是第二次世界大战后，长裤在工厂里流行开来。但是，有人曾抓到过穿着长裤的巴黎公社女社员，她们应该参加过战斗，这无疑是对政治秩序和性别秩序的双重僭越。因此，1871年12月，穿长裤被战争委员会视为罪证，用于审判路易丝·米歇尔。

在20世纪，长裤慢慢普及开来，但依然还有一些地方坚决抵制它：学校、军队、某些特定的职业——比如，直到2005年，法航的空姐才可以穿长裤——以及政界。

事实上，从政的女性还要再过一段时间才能够在国民议会和各个部委工作时不穿裙子。1976年，法国大学事务部女部长艾丽斯·索尼耶-赛蒂在工作中第一次穿长裤时，时任法国总理的雅克·希拉克对此感到羞耻，他竟然说了这样一句话："她违背了自己的职责，损害了法国的形象。"多亏几位女性的坚持和巧言善辩,比如1972年的埃德加·富尔的女顾问米歇尔·阿利奥-玛丽,1978年的国民议会女议员、共产党员尚塔尔·勒布朗,2012年的女参议员、生态学家科琳娜·布舒,最后才迫使法警允许她们穿着长裤走进波旁宫的会议室。对了,科琳娜·布舒当时穿的还是牛仔长裤。她的回应效果绝佳:"不能进去?不要紧。那我把裤子脱下来,您帮我拿着。我穿了一条漂亮的内裤,巧的是,今天早上我刚好脱了毛。"砰!

féminisme

一些女性主义者选择为长裤战斗,并不只是为了她们自己,而是为了所有的女性。有意思的是,各个时期重要的女性主义运动都会提出长裤问题——更宽泛地说,是服装问题。法国大革命时期,女公民要求女男平等,尤其要求获得配备武器的权利。一些女子穿着制服样式的上衣和裤子,虽然她们人数极少,但是足以制造出服饰恐慌。在推崇圣西门主义和傅立叶主义的群体中,一些男性和女性设想了新社会的新服装:女子下身穿蕾丝装饰的长裤,上身穿垂至膝盖的收腰外套。

这样的服装依旧是性别化的,只是穿着更加方便。不过,著名的圣西门主义者或者傅立叶主义者——克莱尔·巴扎尔、让娜·德鲁安、克莱尔·德马尔和欧金尼娅·尼布瓦耶,她们中没有谁这么穿。但这一思想慢慢发展，传到了大西洋的另一边，19世纪50年代初，纽约的阿梅莉亚·布卢默提出了一种"合理服饰"，上身是像长裙那样束腰的半长上衣，下身是脚踝处收紧的"土耳其式"宽松长裤。1848年的"女权主义者"——这个词当时还未出现——让娜·德鲁安在其1852年创办的期刊《女性年鉴》中对此做出了回应。她首先告诉大家，不同的国家有不同的服饰——希腊女人、土耳其女人和中国女人穿不同款式的长裤，接着又介绍了源于美国，后由英国女人改造，最后在德国被广泛接受的服装改革思想，从而要求当时的立法者接受象征"独立和活力"的长裤。

19世纪末，由于自行车的发展，长裤再次成为关注的焦点。因为自19世纪60年代以来，自行车慢慢普及，成为一种真正的妇女解放之物。但是，裙子容易被卷进车轮里，"合适的服装"问题再次出现。1869年，《自行车画刊》4月刊的封面上印着一位穿着中长裤骑自行车的年轻女性，进步的旗帜在风中飘扬。1896年，在巴黎女权主义大会的主席台上，社会主义者、女权主义者、女记者玛丽亚·波尼翁为"促成平等的自行车"而喝彩，"通过它，妇女解放将得以实现"。

这当然引起了一些男性的反对。1888年，菲利普·蒂西耶医生细数自行车对女性的种种不利之处，自行车的骑行方式会使其卵巢萎缩，在他笔下自行车变成了"导致不孕不育的工具"，他主张"女性把自行车还给更加强壮的男性"。另一些男人觉得很恐慌，他们把自行车看作一种振动按摩器，这些变态认为阴唇和阴蒂会在车座上摩擦，因此会导致另一位医生所说的"淫欲"。但是，面对女性对自行车的喜爱以及制造商的利益追求，必须解决这些问题。那骑车的人到底可不可以穿长裤呢？这一问题短期内并没有得到解决，但这一问题真的很重要。

正是在这一背景下，玛丽-罗丝·阿斯蒂耶·德·瓦萨尔于1887年、1889年先后要求国民议会议员及巴黎警察局局长废除1800年颁布的禁令，理由是长裤"体面、卫生、便捷"。她在给警察局局长的信里写道："女装只适合那些不需要做什么事的女子。"1891年，另外两位女权主义者欧金尼娅·波托尼耶-皮埃尔和玛丽亚·谢利加-勒维共同撰写了一份"穿裤子宣言"——这里的"裤子"[1]就是指一般意义上的长裤——同一年，她们以盎格鲁-撒克逊[2]和德国模式为基础，创立了一个服装改革联盟，在这些国家，服装问题也以同样的方式被提出，但是没有像法国这样抵制。于贝蒂娜·奥克莱尔以及马德莱娜·佩尔蒂埃写下了一些文章，展现了男性在服装标准的制定中扮演着怎样统治性的角色。1968年，法国女高中生和大学女教师依然在斗争传单中要求获得穿长裤的权利。

---

1 原文是"culotte"，一般指短裤。——译者注
2 一个文化术语，指使用英语、拥有共同文化和历史传统的国家和地区。

这些女性面对的是一堵墙，一堵慢慢出现裂纹但是常常被黏合起来的墙。反对的理由各种各样：男性的持续统治地位，公共领域和私人领域的性别划分，对女性男性化的恐惧——隐藏在背后的是那个唯一的、真正的、巨大的恐惧：男人们害怕丧失男性气质。反对的策略也五花八门——嘲笑、性别的再强化、性别化、正式禁止。男人们想要保持对长裤的独家占有，因为这是他们权力的象征，是他们对伴侣的权力的象征，是他们在国家中权力的象征。19世纪，科西嘉有这样一条谚语："如果你想要和平，就穿好你的裤子。"因此，"女士穿裤子"——穿长裤——这一表达清楚地表明，男性在伴侣关系中的统治形象也体现在服装上。许多人内心深处对着装秩序的迷恋其实包含着恐同心理，即反对女性也就意味着反对变装的男性。

　　每次提出着装自由，打破常规的女性总是面临着同样的反应。1848年，讽刺画画家卡姆、奥诺雷·杜米埃和爱德华·德·博蒙利用自己的绘画来讽刺女性对平等的诉求。他们画的要么是对穿着睡衣、缺乏阳刚之气的男人颐指气使的泼妇，要么是"过分性感的"身穿紧身裤的女人，她们腰部收紧，乳房高耸，甚至裸露在外。1887年、1889年，国民议会会员和巴黎警察局局长面对玛丽-罗丝·阿斯蒂耶·德·瓦萨尔提出的要求，甚至没有做出任何回复。在提及怎么看待19世纪末女自行车手所穿的裙裤时，路易·莱皮纳甚至把女性等同于男性的欲望对象。1969年，随着政治和社会秩序的广泛恢复，在1968年五月风暴之后，性别秩序也逐渐恢复。在被问及是否有可能废除1800年颁布的禁令时，当时的巴黎警察局局长莫里斯·格里莫回答道："明智的做法是不改变这些规定，任何时候，时尚的变化——无论是可预见的还是不可预见的——都可以揭示它们在当下的意义。"一百六十八年前颁布的一条关于女性着装的陈旧禁令会有什么当下的意义？不久之后，女历史学家克里斯蒂娜·巴尔质问这位曾经的警察局局长为何会拒绝废除这一禁令，他的回答匪夷所思：主要是因为他觉得女人穿裤子不好看。

　　21世纪第一个十年里，1800年颁布的禁令成了众矢之的，许多人要求废除它。令人惊讶的是，这些诉求大部分都来自右派的男参议员和国民议会议员，他们分别在2004年、2007年和2009年提出了废除禁令的申请。或许对这些先生而言，这是一种以最低的成本表现自己支持女性主义立场的方式，抑或是为了让报刊宣传他们。只是，他们犯了一个错，因为他们把禁止穿长裤的规定称作"法律"。2012年，女性主义协会"既不要非法的妓女也不要合法的妓女"向参加总统选举的所有候选人（无论男女）提交了一份包含17条诉求的列表，其中就有一条是废除1800年颁布的禁令，她们也把它称作"法律"。最终，直到2013年1月，女性权利事务部女部长纳娅·瓦洛-贝勒卡西姆做出了官方的回复。她指出1800年颁布的禁令——她没有说错——违背了"女男平等原则"，也违背了法国和欧盟的宪法条款，宣布即日起"默认废止1800年11月7日颁布的这一禁令，它不再有任何法律效力，从此以后，它只是巴黎警察局保存的一页废纸"。然而，这并不意味着真正的废止，因为只有巴黎警察局局长（希望能有女局长）才有权力废止本部门颁布的禁令。许多人以此来讽刺女性主义者，她们把时间浪费在衣物的可笑斗争上。然而，关于"穿长裤"漫长的斗争史，以及关于服装是性别构建、男性统治标志的核心之物的意识却告诉我们，这并不是一场微不足道的战斗。

参考资料

有一本必读之书,它讲述了所有这些事件,并且分析得严谨且准确,还常常带着犀利的幽默感,那就是克里斯蒂娜·巴尔的著作《关于长裤的政治史》(瑟伊出版社,2010)。她的另外一本专著也同样重要,那就是《裙子的意义:身份、僭越与抵抗》(别样出版社,2010)。我也建议您关注昂热大学主办的网站Musea,它会举办一些线上的展览,尤其是关于"男性化的女人"的展览,克里斯蒂娜·巴尔负责该展览的学术统筹工作,我在上面发现了于贝蒂娜·奥克莱尔写的文章。

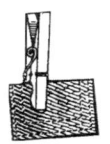

长裙

于贝蒂娜·奥克莱尔，《激进报》，1899年12月26日。

《年轻女孩》杂志向读者们提出了这样一个问题："您是否支持女性服装改革？"一些因为担心吓跑追求者而坚守传统的年轻女士回答说，必须保留长裙；但是，这些维护女装的支持者十分强调这种服装的不便之处，反而比憎恶女装的人更能够激发大家对这些服装的反感。

一位女读者甚是机智地提醒大家，奢华的女装使得女性世界出现了难以逾越的等级划分，它们耗费心神、占空间，而且会妨碍其他重要的工作。

另一位女读者不赞成频繁换衣服、搭配新衣服。她说："老是做那些事，我们浪费的不仅是时间，还有金钱以及严肃的思想，更会变得轻浮！"——"那就别穿裙子了？"——"不！"

与写请愿书给国民议会议员要求获得服装自由权的玛丽-罗丝·阿斯蒂耶·德·瓦萨尔女士相反，一位女记者建议禁止女性穿男装。她厌恶长裤，主要是觉得病态。她说："如果在路上遇到一位穿着裤子的女自行车手，我总是感到拘束、不舒适……"好吧，如果是我们遇到这样的自行车手，我们会觉得无比快乐。友善的女自行车手难道不正是妇女解放的先驱吗？

那些担心穿上便捷的服装而失去优雅和美貌的女性，会让人觉得她们本来就缺乏这些天然而美好的品质。因为美貌和优雅本来就具有无限的魅力，根本不需要任何其他的装饰。

或许，这些大声叫嚣"保留长裙！"、支持服装奴役的女记者们在雨天不需要自己洗裙子。但是，她们应该知道，适合无所事事的女人和坐车上班的有钱女人的长裙对辛勤工作的女人而言是一种累赘。

一位订阅这本杂志的女读者提醒大家，很多女性的职业生活并不适合穿笨重的裙子。她大声疾呼："新女性并不是制造时尚的女性，正因为时尚不是她们制造的，所以她们不敢反对。"等她们变成女公民后，她们就有勇气这么做了。

关于《年轻女孩》杂志所作的这次问卷调查，《时代报》这样评价："理论上说，一切女权主义问题都包含在服装问题中。女性是必须继续穿笨重的裙子还是全身心投入工作呢？所有的问题都在于此！"这一次，我们与这份权威报刊观点一致，它自己做出了回答："真正的女权主义者，强硬不妥协的女性，头脑清晰的女性，都应该支持女性着男装。"这份报刊真是我们的同道中人，因为女装如此复杂而令人不适，使得女性与男性相比处于劣势地位。

《时代报》肯定了读者们的理智，并指出女性通常并不是革命家，也不是乌托邦主义者——哦，真稀奇！竟然与我们的观点一致，它写道："谁能知道，否定女性的选举权是不是一种错误？谁能知道，她们是否会带来珍贵的稳定因素，而这正是我们的政治所需要的？"

哦，天哪！我们已经重复了好多次，好让您明白，只有女性的参与才能让行政机构和立法机构恢复理性和秩序，也就不会再出现不经国民议会投票就动用下一年的预算这种情况了[1]。

加油，我们一直主张获得女性的政治权利，并非失去理智，再过几个星期，对那些坚决反对我们的人而言，这些权利将成为最后的希望。

如果女性的服装与男性的服装没有这么大的差别，那么她们应该会更容易获得公民权！造成男女不平等的原因，并不是智力，而是服装。……

很多女性都愿意穿男装，罗萨·博纳尔就是其中之一。她写道："我穿裤子，是因为我觉得长裤非常合理。既然大自然给我们每个人都准备了两条腿，那么我不理解为什么职业女性不能更加舒适、更加自在地穿长裤呢？在泥地里奔跑、乘车更加方便了！"我希望时尚能够维护女性的尊严。奢华的裙子就留到参加沙龙的时候穿吧，好让她的丈夫还有其他人都能目睹她的曼妙身姿。

---

[1] 原文是"les douzièmes provisoires"，这是一项与财政预算相关的法律条文，允许政府在国民议会未及时投票通过预算法案的情况下，动用预算的十二分之一份额。此处用来讽刺由男性统治的议会常常不按时进行投票，而如果有女性的参与，就不会发生这种情况。——译者注

我们想要衣服口袋!

2017年2月,专门关注女性主义问题的女记者玛丽·基尔申做了一项关于男裤和女裤口袋大小的调查,她认为"大家都被骗了"。因为这件事,她收到了许许多多的辱骂信息,这些信息以一种惊人的暴力方式批判她以及所有的女性主义者——不幸的是,推特上常见这种现象。那为什么这样一个关于口袋的调查会在社交网络上引发男权主义群体的愤怒呢?也许是因为这一调查鲜明地揭示了性别统治的存在……

首先,需要明确一个事实。实际上,无论是长裤,还是外套或夹克的口袋,女式的都比男式的小。2018年8月,美国《布丁》杂志刊登了一份详细的调查报告,包含各种各样具有辅助说明作用的数字、表格、动画和图画。调查认为,女式牛仔裤的口袋不够大——比男式牛仔裤的口袋小10%,尤其是不够深——大约只有男裤口袋的一半深。顺便说一下,这些事实我们女性都注意到了。

衣服口袋

缝在衣服内或者衣服外的布片，可以在里面放随身携带的东西。

17世纪之前，"口袋"问题不分性别。为了随身携带个人用品，出身于不同社会阶级的人都会在腰间挂个布袋，通常藏在衣服里面，防止被小偷偷走。只要看一看那个时期的绘画，就可以发现衣服的褶皱里藏着很多这样的袋子。后来，到了17世纪，男装开始缝制口袋，但是女装并没有，妇女们依然继续使用那种可拆卸的布袋。18世纪末，富裕阶层流行新古典主义风格的服装，女装变得更加修身。结果，藏在裙子下的钱袋变成了凸出的球状，看起来很不得体。解决问题的方法并不是在女装上缝制口袋，而是要求大家改良以前那种叫作"手提袋"的东西。男装（上衣加长裤）越是统一，口袋也越多。19世纪末，绅士套装——包含马甲、西装外套和大衣——总共有15个口袋。女装呢？一个都没有。只有平民阶级的女性才继续使用以前的那种布袋，至少19世纪80年代之前都是如此。布尔乔亚阶层的女性一直使用手提袋，拿在手里或者夹在手肘处，但是里面放不了太多东西。19世纪末，尤其是20世纪，斜挎包解放了女性的双臂——这已经算是一种胜利了，但是以前那些保障平民女性自主性的可拆卸布袋却消失不见了。从那以后，作为一种新的女性配饰，女包变成了额外的开销。诚然，有些包很漂亮，但是很容易被偷，而以前的那些布袋都是藏在衣服底下的。女性背着包也不方便奔跑或者跳舞，简而言之，很碍事。此外，现在的包更大了，里面会装耳机、水杯以及男友的书——他们没有包，因为他们的钥匙、身份证件和智能手机都能装在衣服口袋里！而我们需要衣服口袋！

衣服口袋制造的性别差异！这并非偶然，而是有据可循的。正如1954年克里斯蒂安·迪奥所言："男人的口袋是用来装东西的，女人的口袋是用来装饰的。"没有口袋，就不能装钱。但这又有什么要紧？因为很长一段时间里，女性并不拥有属于自己的金钱。没有口袋，就不能装钥匙。但这又有什么要紧？因为一位体面的已婚女士无法独自离家——只有丈夫才能决定住在哪里，并掌管房子的钥匙。此外，大家都认为女人不应该把手插在衣服口袋里：只有男人可以做这种动作，通常是在对女性下令干家务活儿的时候，他们会这么做！因此，衣服口袋意味着男性可以自由活动，以及他在公共空间和私人空间的至高地位。这就是为什么平民阶级女性为了保留可拆卸的布袋坚持了漫长的斗争，而女权主义者为了拥有衣服口袋而不懈斗争。

2017年之前，衣服口袋问题就已经被提出过。20世纪初，女人们就要求拥有口袋！只是在法国，参与这一斗争的女性并不多。因为那里还在进行很多其他的斗争，比如夺取穿长裤权利的斗争，摆脱裙撑和紧身胸衣的斗争。因此，与衣服口袋相关的抗议活动主要发生在盎格鲁-撒克逊世界。1905年，女性主义小说家夏洛特·P. 吉尔曼在《纽约时报》上揭露了这一事实："男装的优越性在于它们有口袋。"1910年，北美妇女参政论者推出了她们的新式服装，一共有八个口袋！1891年，英国发生的"理性服装"运动向妇女们推广一种有两个大口袋的宽松长裤。1952年，英国艺术家格温·雷夫拉特发出了质问："为什么我们没有权利拥有口袋？谁禁止我们拥有口袋？"如今，不同国家的许多年轻女孩也发出这样的呼喊："我们要衣服口袋！"

参考资料

2016年，在希拉里·克林顿被提名为美国总统选举候选人后，英国女性主义者切尔茜·G.萨默斯对衣服的口袋问题产生了兴趣。当时，这位美国民主党候选人选择穿上一套女式西装，而不是裙子，这一行为在当时震惊了众人。这套西服是白色的，是为了表示对美国妇女参政论者的敬意，但是没有一个口袋。针对这件事，切尔茜·G.萨默斯撰写了一系列的文章，一开始是探讨颜色和长裤，之后又论述了"口袋的政治"（《卫报》，2016年9月19日）。作为对当时盛行的女性主义忧虑的一种回应，2017年2月，玛丽·基尔申发表了她的调查报告（《我在六家商店调查了男装和女装的口袋》，发布于buzzfeed.com）。文章发表后引发的巨大争议促使其他报刊也开始关注这一问题。2020年，阿里亚纳·芬内托和芭芭拉·伯曼出版了《口袋：被隐藏的女性生活史》（耶鲁大学出版社），这本书围绕口袋这一服装构件分析了女性的实践和才干。同时也可以观看阿里亚纳·芬内托在德法公共频道的电视节目《讲述历史》上所作的报告：《口袋，裙底下的自由》。

裙　撑

1863年2月1日,奥兰普·奥杜阿尔在她创办的报刊《蝴蝶》上写道:"与裙撑决一死战。"这比"No Bra"——"不穿内衣"——这个口号早了一个多世纪,为何女性主义者会控诉这种东西?

裙撑是一种让女性的短裙和长裙蓬起来的架子。最初用鲸骨制成,所以很昂贵,后来改用柳条和马鬃(裙撑由此得名[1])。最后,因为工业化的发展,制作材料变成了铁丝。第二帝国时期,这种潮流"像蔓延的火一般"——您很快就会理解这个比喻——在上流社会迅速流行开来。一开始,裙撑是圆形的,渐渐地,它变得越来越大,有些裙撑的周长甚至有十米,女性的上半身被紧紧地束在正中央,就像是站在一块大蛋糕上的小小雕像。1863年前后,裙撑前后逐渐变得扁平,到了帝国

---

1 法语单词"裙撑"(crinoline)借用了"马鬃"(crin)的词根,crinoline可音译为"克里诺林"。——译者注

末期彻底消失不见了。很少有时尚元素能像裙撑一样，如此鲜明地代表一个时代、一种性别以及大家想要赋予这一性别的地位。1856年，汤普森在美国申请了第一个裙撑专利，他把这种物品称作"裙笼"。显然，"克里诺林"这个名字更加好听。但这实际上是一种包裹、压迫、性别化、固化女性身体的衣服——前面这几个词形成了漂亮的组合。女性的上半身被塞在紧身胸衣里，加上裙撑，她们很难走动、坐下、穿门而过，总是被过于繁复的裙子卡住。她们变成了装饰性的花瓶，不得不一直站着。

悲哀的是，她们甚至变成了火把。因为裙子和裙撑都极其易燃，所以，在摆满烛台的沙龙里，在男人们把没有熄灭的烟头扔到花园里时，危险就出现了。可别以为这种事故很少见，维多利亚时期的英国极其"迷恋裙撑"，从19世纪50年代到60年代末，大约有3000名女性在裙撑引发的火灾中丧生。在法国，国务大臣欧仁·鲁埃的大女儿和弗朗斯瓦·基佐的侄女就死于她们的裙子起火。此外还有其他危险：裙撑容易被卷入马车的车轮，裙子容易被大风吹起。在地中海的一次海难中，奥兰普·奥杜阿尔因为被裙撑困住，差点淹死。

在这种背景下，沙龙和报刊都掀起了关于这一问题的热烈

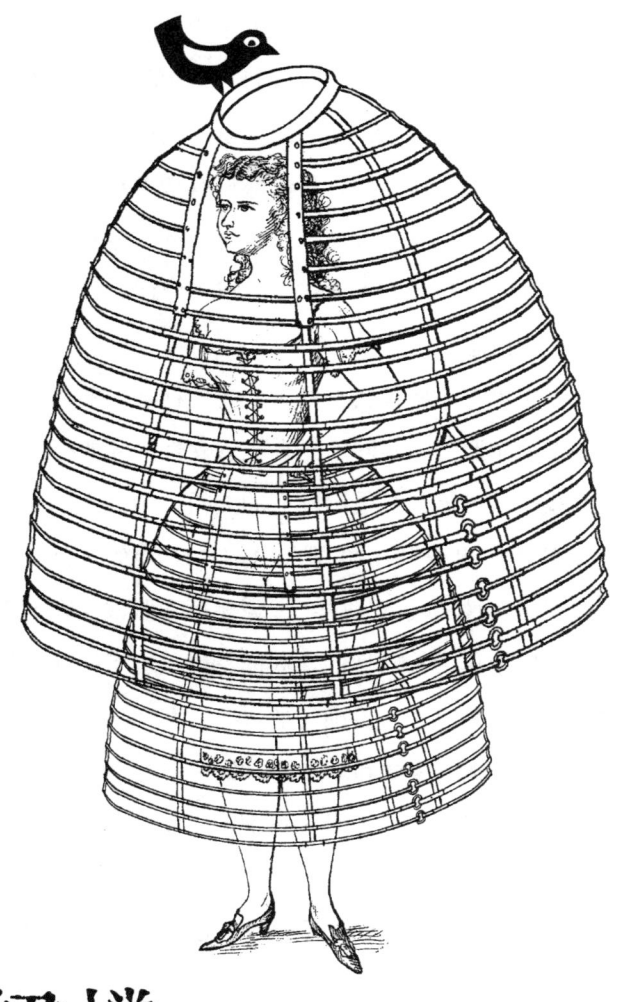

裙撑

用鲸骨或者柔软的钢制成的架子,女人穿上它可以让裙子蓬起来。

辩论：支持还是反对裙撑。支持者（包括男性和女性）一方从美的角度进行了论证，裙撑可以凸显纤细的腰身和高耸的胸部——橙汁汽水瓶的形状！他们所揭示的女性身体的性别化是为了满足男性的目光与欲望，却丝毫没有考虑到女性的舒适、健康和行动的自由。有些人甚至举例说，一些掉到河里的女人多亏了裙撑才没有淹死，因为裙撑变成了浮漂，以此驳斥被烧伤的女人们的抱怨。

批评者中也有一些是典型的厌女者。杜米埃的讽刺画看上去似乎是在讽刺服装，实际上是在控诉女性的"罪行"——她们有多么浅薄、可笑，总是用她们的大裙子给男人添麻烦。法国政论家蒲鲁东也曾利用裙撑来表达自己厌女的观点，他认为裙撑表现了女性的卖弄风情、挥霍无度和肤浅，在他看来，这些都是独属于作为第二性的女人的特征。也有一些人抱怨，裙撑实际上是一种手段，更确切地说，是女性想出来的奸诈诡计，目的是隐藏她们瘦弱和畸形的双腿……另一些人甚至说，裙撑是女权主义者的奇特发明——那时"女权主义者"这个词还未出现——她们之所以穿这种东西，是为了表明社会给予女性的地位不够高，所以她们试图通过自己的裙子占据更多的位置——接着是一阵夸张的笑声。

但是，也有女权主义者控诉这种牢笼，尤其是奥兰普·奥杜阿尔的批判。1863年，她公开反对大家所说的"钢铁堡垒"。很少人了解奥兰普·奥杜阿尔，这实在不公平。在第二帝国时期，她至少创办了三份报刊，撰写了三十多本书，去过好多个国家，与当时许多政治人士和知识分子论战，并坚定地捍卫女性的公民政治权。公开批判裙撑三年之后，她又对男人宣战。她的著作《对男人宣战》令其遭到许多攻击和嘲笑。这也是一部伟大的女权主义著作，却被大家遗忘，这真是太不公正了。为了反对裙撑，她在报刊上一一列出相关的死亡事件，强调这种衣服有多沉重、多不方便，对女性的束缚有多大，而且她还指出宫廷舞会助长了虚荣之风，女人们甚至去比拼谁的裙撑更大。

不过，奥兰普·奥杜阿尔并不是唯一一个对裙撑说"不"的人，事实恰恰相反。1864年1月，《孚日山邮报》发表了一位越南大使馆年轻随员的旅行随感——一种经典的文学手法，通过一位外国人的惊讶目光来表达政治和社会批评，这种手法在孟德斯鸠的《波斯人信札》（1721）、弗朗斯瓦丝·格拉菲尼的《一位秘鲁女人的来信》（1747）之后经常被人使用。这篇随感引发了热烈的社会反响……但是后来很快就被遗忘了……这太奇怪了，不是吗？以下是这位纸上外交官对当时这种时尚的评论："他们有一种可笑的发明，那就是裙撑！很可能是嫉妒的丈夫发明了这种钢铁牢笼，他们的妻子走到哪里，这个牢笼就跟到哪里，而钥匙就在丈夫的口袋里。"

工人阶级诗人、无政府主义者约瑟夫·德雅克在流亡纽约时——路易·拿破仑·波拿巴发动政变后，他不得不踏上流亡之路——也对"裙笼"进行了批评。在他发表在《极端自由主义者报》上的文章中，他多次提到了女性的身体轮廓，浮肿的庞大裙撑与令人窒息的紧身胸衣形成了奇怪的对比，这两种东西阻碍了女性自由移动。他揭露强加在女性身上的"浮肿的硬物"，她的身体被衣服"勒紧""扭曲"。通过描述这一形象，他想让大家不仅能更加清晰地认识对女性施加的暴力，而且能明白阻止女性实现社会政治解放的种种障碍。在德雅克看来，穿裙撑就意味着服从压迫，盲目地遵守男人制定的审美标准，心甘情愿吸引他们的目光。在他创作的《颓败的文明人或社会主义的殉道者》这部关于社会主义乌托邦的作品中，这位工人阶级诗人对服装表现出极大的关注："不要穿裙撑。穿高腰裙即可，普通丝绸质地，浅棕色，上面有小圆点或者细条纹。"穿这样的衣服，女性就能再次自由自在地移动了！

裙撑这种潮流随着帝国的坍塌也慢慢消失。一种新的服装取而代之，但是依然会压迫、束缚女性，那就是"臀垫"。随着紧身胸衣的束腰越来越紧，她们穿上了一种奇怪的东西，可以让臀部看起来更翘，大家称之为"巴黎之臀"。这东西让她们看起来就像一只只鳌虾，直到第一次世界大战爆发前，这种东西一直都存在。

参考资料

我是在阅读前文提到过的莉泽尔·席费尔撰写的关于奥兰普·奥杜阿尔的著作时,产生了关于本章内容的灵感。这本书讲述了奥兰普·奥杜阿尔反对裙撑的斗争。我在研究中发现了很多当时报纸杂志上关于裙撑之辩的文章,发现了杜米埃的讽刺画,发现了英国《笨趣》杂志上的讽刺漫画,以及三幅反对裙撑的版画,作者不详——可以在网站"透过图像看历史"上看到关于这些版画的分析。最后,还有托马·布歇撰写的激情澎湃的文章《社会制造服饰:约瑟夫·德雅克和裙撑》,后被收录在托马·布歇和帕特里克·桑赞主编的关于约瑟夫·德雅克的论著中,即《极端自由主义者:论约瑟夫·德雅克的写作、思想和生活(1821—1865)》(勃艮第弗朗什-孔泰大学出版社)。

奥兰普·奥杜阿尔

原载于《蝴蝶》，1863年2月1日。

据尼斯《信息报》报道，又有一位不幸的年轻女孩在这座城里被火烧伤。当时，她刚刚离开舞会，刚刚在那里度过了快乐幸福的时光，那是独属于豆蔻年华的美好。

发生这起不幸事件的原因依然是裙撑这项糟糕的发明。

报道这样写道："大家可能会觉得，一定是某个可怕的天才发明了裙撑这样伤害女性的束身之物，以至各个国家、各个阶层爱打扮的女性很快都接受了这种东西，可是它已经给好多女人带来了厄运。"

事实上，很长一段时间以来，报纸每天都会刊登这种可怕的火烧死人的新闻……这火选择的对象总是可怜的年轻女孩……从来就没听说过"一个男人被烧死了"这样的新闻，这可能与他们的服装有关。显然，在任何时候，这些不幸的女人总是处于不利地位。甚至时尚也要来掺和一下，它无情地把女性交给了熊熊烈火！

这个可怜的女孩埃玛·利夫里的命运一直牵动着许多人的心弦。现在，内拉东医生正在治疗埃玛，他曾成功帮加里巴尔迪取出腿里面的子弹。

可怜的蝴蝶，她还这么年轻，这么充满活力，这么喜欢跳舞，一个月以来，却只能痛苦地躺在床上，太令人伤心了。

紧身胸衣

1816年，乔治·桑十二岁，当时她的名字还是阿尔芒迪娜·吕西·奥罗尔·杜班，她试穿了第一件紧身胸衣。她祖母的一位女性朋友要求她穿，因为觉得有必要为她"塑形"。乔治·桑在《我的生活史》一书中这样写道："她亲自帮我穿这衣服，第一次穿时我觉得非常不舒服。她稍微离开了一会儿，我就迅速松开绑带，这样我才能忍受胸衣的钩扣和鲸骨支架。"但这位女士发现了乔治·桑的小动作，反而"束得更紧"。"于是我开始反抗。"她躲到地下室里，又一次松开了带子，然后把这个"刑具"扔进了旧酒渣桶。1837年12月，弗洛拉·特里斯坦在给朋友奥兰普·霍吉科的信中写道："我从来都不穿紧身胸衣。"1895年，在红磨坊唱歌的伊薇特·吉尔贝在一首歌里大声宣告，她要去各处寻欢作乐，要摆脱阻止她寻欢作乐的紧身胸衣——这是她的权利，从更普遍的角度说，也是所有女性的权利。她的行为震惊了当时的资产阶级社会，并且获得了成功。她在《我醉了》这首歌中唱道："我不再是女孩了，我是男孩／我要快乐，纵情享乐／我要松开紧身胸衣／可是没有人能帮我，那我只能自己冒险一试了／等我喝完酩悦香槟后。"实际上，她因为紧身胸衣而受尽折磨，过度的压迫导致她的肾移位并被切除。1899年，于贝蒂娜·奥克莱尔也把紧身胸衣称作"刑具"，她对罗马尼亚教育部部长禁止寄宿制女校的学生穿这种衣服表示赞赏。

féministe

好几个世纪里，女性一直都穿紧身胸衣。不管是哪个时代，不管是哪个年龄段，不管是哪个社会阶级——胸衣几乎都是紧身的，而受害者主要是未婚的年轻女孩。事实上，虽然所有的女性都必须穿胸衣——销售量可以证明这一点，1900年，胸衣在法国售出了600万件——但是，平民阶级的女性穿的胸衣要柔软、宽松得多，因为这样才能干家务活儿或者工作。法国大革命期间，紧身胸衣消失不见了，因为它们遭到了双重攻击，一方面被视为贵族阶级的象征，另一方面被视为当时愈演愈烈的女性解放的阻碍。但是大革命结束后，随着性别秩序的回归，紧身胸衣——它正是性别秩序的标志之一——又回到了日常生活中。更糟糕的是，以前的鲸骨变成了金属，胸衣变得更加不舒服了。女性穿胸衣的目的是让脊柱挺直并托起胸部——出于一种古老而毫无根据的焦虑,即担心乳房下垂,同时也想让乳房"变得更大"。"紧身胸衣"这个名字本身就说明了一切,这其实是为了让女性的身体符合当时男性制定的标准,符合男性的想象。压迫女性的身体,突出它的曲线,塑造它的形状,紧紧束缚它,使其色情化,这就是缎带镣铐的作用所在。在这种情况下,女性很难呼吸、走路或者脱衣服,也很难吃饱饭、大声欢笑或者长久地说话,而且她们总是觉得热。紧身胸衣——更糟糕的情况是,如果还穿着裙撑,正如我们前文说过的——会让女人变成一个身材笔直、美丽动人、无法动弹、沉默不语的物品。

因此,女权主义者在反思服装自由的同时,如此关注这件衣物也就不令人吃惊了。她们不需要像之前争取穿长裤的权利那样战斗,因为她们已经获得了医学界的支持,虽然医生不是特别关心妇女解放——这是一种间接的肯定表达——但他们会关注衣服的约束导致的后果。

对紧身胸衣的控诉由来已久。1770年,雅克·博诺出版了一部题为《对鲸鱼身体的使用让人类堕落》的著作。1857年,夏尔·迪布瓦指出了五种社会祸患:烟、酒、赌博、投机买卖以及紧身胸衣!1876年7月7日,《易洛魁人报》一位诙谐的专栏作家批评了胸衣。他诓骗读者说,议员们即将通过一项法律,禁止腰围小于55厘米的女子结婚,因为腰身这么细的女人往往生殖器官已经受损,男人应该和有生育能力的女人结婚。

紧身胸衣

1. 用薄片支撑、系带子的内衣,把女性的腰和肚子都束得紧紧的;
2. 阻止某种东西自由行动的强大约束。

1898年，波兰医生蒂利卡女士在巴黎医学院进行了题为《从保健学和病理学角度看紧身胸衣的危害》的博士论文答辩。于贝蒂娜·奥克莱尔在撰写一篇反对紧身胸衣的文章时毫不犹豫地引用了这篇论文。1900年，女医生伊纳·加什-萨罗特发现流行的紧身胸衣会导致内脏器官下移，因此推出了一款不同型号的胸衣。这些所谓的"正面扁平"的胸衣使女子的身体变成了奇怪的"S"形，获得了极大成功。虽然这种胸衣对腹部的伤害没那么大，可是却增加了背、胸腔、呼吸器官和肾脏的负担。卢多维克·欧·福洛韦尔很快就通过X光片揭示了这一事实。1905年，亨利·达尔德兰医生继续深化了卢多维克的研究，让研究报告变得更加生动有趣。他增加了好多幅解剖图，展示不同类型的胸衣对腹腔、肠道、肝脏、肾脏、横膈膜、肺和会阴的伤害，以及最为可怕的对生殖器官的伤害。当时出于对人口减少的恐惧，亨利·达尔德兰的这一论断非常有说服力。他提出用一种"舒适的"胸衣替代之前的胸衣，这种胸衣"能凸显女性的身材，贴身但是不会对她产生压迫"——这些话丈夫听了应该会很满意，在此不作赘述。有人指出，他的报告中充斥着许多摆出挑逗姿势的裸女照片。这些照片并不是"廉价而愚蠢的玩意儿"[1]，它们其实鲜明地揭示了医学界的性别歧视。另一个事实也证明了这一现象，批判紧身胸衣的医

---

[1] 原文是"Schmilblick"，在法国文化中用以讽刺虚构的没有任何意义的东西。

生总是会解释说,这是那些可怕而肤浅的风骚女的错,她们为了凸显自己曼妙的身材不惜将自己置于危险的境地……从那以后,大家开始慢慢思考女性受到的各种限制。

19世纪与20世纪之交,随着越来越多的女性从事职业活动或者体育活动,潮流的风向变了,紧身胸衣越来越少,最终在一战结束后完全消失,但可别高兴得太早!男服装设计师保罗·普瓦雷总喜欢标榜自己是"解放女性的人",因为他在1910年发动了"对紧身胸衣的战争",但实际上,他只不过是用紧身裙替代了紧身胸衣。这种裙子一直包裹到脚踝,妨碍走路……最糟糕的是,他还在回忆录中对此扬扬得意:"是的,我解放了女性的上半身,但是我束住了她们的双腿。大家还记得这种专横的潮流引发的哭声、叫喊声和咬牙切齿的愤恨。女人们抱怨无法好好行走、上车,她们唉声叹气地表示支持我的创新。现在还能听到她们的抗议声吗?她们能穿宽松的衣服时,不也发出同样的哀怨声吗?她们的抱怨和不满是否曾阻碍潮流的发展?抑或恰恰相反,它们反而有利于时尚的宣传?"(《为时代穿衣》,保罗·普瓦雷,1930)因此,我们只能把希望寄托在女服装设计师身上了,比如马德莱娜·维奥内(Madeleine Vionnet)、让娜·朗万(Jeanne Lanvin)或嘉柏丽尔·香奈儿(Gabrielle Chanel),她们创造出了不那么厌女的新潮流。

最近,紧身胸衣似乎又开始受青睐了。好几位女明星公开穿着它，比如比莉·艾利什、吉吉·哈迪德、普雷舍斯·李。然而，在社交媒体上，穿紧身胸衣的不仅有年轻女孩，还有年轻男孩。很快，各大服装品牌开始行动，推出许多不同的款式。当然，现在的问题不再是压迫器官和身体，而是从中可以发现，大家已经忘记了这种服装充满性别歧视的历史，同时也可以瞥见对本以为过时的强迫穿衣规范的内化。比莉·艾利什因为刊登在《时尚》封面上的紧身胸衣照片而受到许多人的攻击。

相反，一些男人和女人却支持选择再次穿上这种衣服的行为，颠覆性地把这种原本具有压迫性的东西穿在了衣服外面，而不是裙子里面。它不再具有性别特征，因为男人也可以穿，而且无论什么样的身材都可以穿——要知道以前只有苗条的女人才可以穿。同时，这也是女性对自己性别身份的一种认可，恰如麦当娜穿上让·保罗·高缇耶设计的尖锥形胸衣。也就是说，这是一种占据一席之地的方式，一种通过精心设计坦然展现身体的力量。

参考资料

我们可以参考不同的关于时尚和服装的历史学专著,来追溯紧身胸衣的历史,比如詹姆斯·拉韦尔的作品《服装与时尚:一部简史》(泰晤士与哈德逊出版社,2003)。在网站"透过图像看历史"上,朱利安·诺特撰写的综述性文章《紧身胸衣的终结和女性身体的解放》也很有启发意义。关于紧身胸衣的终结,我建议您读一读摩根·让的文章《被幻想的女性身体:从1858年时装模特的出现到1906年紧身胸衣的废除》(《假设》2010年1月第13期,第247—255页)。西蒙娜·维耶纳曾研究过乔治·桑的服装,文章被收录在弗雷德里克·莫内龙主编的论文集《服装与文学》中(佩皮尼昂大学出版社,2001)。我在这一章中的相关重要引用就出自她的文章。其他一些引用,比如雅克·博诺、夏尔·迪布瓦、蒂利卡女士、卢多维克·欧·福洛韦尔、亨利·达尔德兰等人的观点,都可以在法国国家图书馆创建的数字图书馆网站(Gallica)上查到。

胸　罩

　　每次穿胸罩的时候,我都会想到它是由一位巴黎公社社员、缝制紧身胸衣的女工发明的,目的就是把女人从紧身胸衣中解放出来!埃尔米尼·卡多勒(本名欧金尼娅·萨尔东)是"保卫巴黎和照顾伤员妇女联盟"的成员,这是1871年巴黎公社的一个女性主义协会。"五月流血周"之后她被逮捕,在监狱里,关了几个月。后来,她成了一个支持流放者的协会的财务主管,1881年11月10日,她同许多人一起欢迎路易丝·米歇尔结束流亡回到法国。在阿根廷的布宜诺斯艾利斯,她开了一家内衣店,并且产生了把胸衣一剪为二的想法,这样可以消除边缘的压迫感,最早的胸罩由此诞生,她将其命名为"舒适"(Bienêtre)。1889年,埃尔米尼·卡多勒把这件物品带到了巴黎万国博览会,1890年申请了专利。但是一开始,这种衣服并没有成为流行的时尚。直到其他制造商(包括美国和法国的)吸纳了这一创意,并把它改名为"胸罩",它才广泛地商业化。前文讨论过的对紧身胸衣的质疑以及女性体育的发展促进了胸罩的普及。总之，发现体育如何促进女性身体的解放也挺有趣的，尽管体育竞赛中女运动员面临着许多性别歧视造成的障碍。

虽然胸罩成了所有女性的内衣，但是它很快又变成了一种束缚、压迫女性身体并使其性别化的物品。时尚在不断变化，却并不关注女性是否舒适，而只关注男性的欲望：不同的时代，胸罩用来让女人的胸部变得更平，或更大，或更挺，它们只是为了满足不同时代的男性对女性胸部的幻想。既要让人看见挺立的胸部，又要把乳头隐藏起来；既要有丰盈的乳房，又不能过大；要塑造出苹果形状的乳房，但这其实不符合女性的体形。最糟糕的是，胸罩内部的钢圈容易伤害身体，胸垫容易压迫身体，肩带容易勒得过紧。2015年3月，贾斯廷·亚历山大·巴特尔斯为刚刚脱下胸罩的一些女性拍了一组上身照：皮肤上全是印迹，胸罩的印迹像印刷的文字一样嵌入了皮肤里。

因此，女性主义者如此反对这些"织物枷锁"——这一表达出自卡米耶·弗鲁瓦德沃-梅泰里[1]之口——也就不足为奇了。

---

[1] Camille Froidevaux-Metterie，生于1968年，法国哲学家、政治学教授，研究女性的身体问题。她于2017年被授予法国的国家功绩勋章。

1968年9月7日,美国小姐选美大赛在亚特兰大举行。美国的女性主义者组织了抗议活动,她们控诉这一比赛是侮辱、性化女性,是对女性的一种规训,也是资本主义唯利是图的表现。她们同时还批判了比赛中的种族歧视,因为它只允许白人女性参加,只颁奖给白人女性。一些非洲女性主义斗士在同一时间举办了"美国黑人小姐"选美比赛,获胜者是桑德拉·威廉斯,她是一位争取公民权的女斗士。她曾在一家拒绝招待非裔美国人的餐厅里组织静坐示威活动,由此为大家所知。女性主义者把美国小姐选美比赛称作"Military Death Mascott"——军队死亡吉祥物。她们在一本小册子中提到,前一年的选美比赛冠军被送去越南参加巡回演出,"为了鼓励我们的丈夫、父亲、儿子、男友慷慨赴死,痛快杀戮"。

女性主义者筹划了好几项活动。在举办比赛的大厅里,她们举着一面大大的横幅,上面写着"解放女性"。在大楼前面,她们拿着一个美国小姐木偶走来走去,吆喝着要拍卖它。她们为一只绵羊戴上美国小姐的王冠,就像在牲畜博览会上那样。她们的标语牌上写着这样的话:"All women are beautiful"(所有的女人都是美丽的)、"Miss America: racism with roses"(美国小姐:玫瑰掩饰下的种族主义)、"Mujeres no Objects"（女性不是物品）、"Can make-up cover the wounds of our oppression?"（化妆是否能掩盖我们被压迫的痕迹？）。一个被称作"自由垃圾桶"的巨大垃圾桶被放在大楼前的广场上，她们把"折磨女性的物品"以及象征"强迫产生女性气质"的物品扔在里面：煎锅、平底锅、《花花公子》杂志、假睫毛、高跟鞋、化妆品以及胸罩！

那么，自由垃圾桶怎么变成了"燃烧胸罩的女性主义疯子"？这是因为林德西·凡·格尔德在《纽约邮报》上发表的一篇题为《燃烧胸罩的人与美国小姐》的文章。在这篇文章中，作者并没有写女性主义者燃烧胸罩，而是把这些女人与燃烧越南战争兵役证的士兵进行了类比。之后，事情便一发不可收拾：所有的报刊都发出气愤的吼声，因为女人们脱了胸罩，烧了胸罩。这与他们有何关系？这不仅是无稽之谈，而且是当时刚刚出现的反女权主义论调强行虚构出来的形象。1970年8月26日，在报道法国女性主义者在凯旋门前的行动时，一些报刊也言之凿凿地说她们烧了胸罩！

胸罩是烧不完的，但很多人的确脱了胸罩，因为这样更加舒适。这个问题也变成了女性主义问题，因为引发了强烈的反对。有人大喊："下流！任性妄为！快把乳头遮起来，我可不想看到！"一名女高中生因为没有穿胸罩被学校开除；在居家隔离期间，有人觉得谴责那些在自己家不穿胸罩的女性是合理且有意义的。#NoBra（"不穿胸罩"运动）、#FreeTheNipple（"解放乳头"运动）等变成了反对性别歧视和女性束缚的运动。在女高中生被开除的弗里堡，学校的大门上被挂上了胸罩，作为抗议的形式之一，上面还写着："不得体的是你们的目光，而不是我们的穿着""请松开我们的胸部"。女权主义团体"Femen"的成员在游行时裸露着上身，把乳房暴露在外，展示自己的口号。

与此同时，一些生产商虽然没有用女性主义思想漂洗自己，但改良了内衣产品，推出了解放女性的新内衣。它们采纳了曾经的女性主义者们的想法，这些女性早就提出了"比基尼式胸罩"——一种没有钢圈也没有胸垫的胸罩，因为女人有时也会想穿的！

最后，让我们讲述一下胸罩作为斗争物的另一种用途，不是作为女性主义者的斗争物，而是作为女性的斗争物；并不是说所有女性，而是说那些缝制胸罩的女性。

缝制胸罩的工人几乎全部都是女性。这是一种极其精细的工作，技术要求很高，女工们为此感到骄傲。此外，最初对内衣制造进行产业化试验时，一些老板就试图套出女工的技术。

不,绝对不行,在很长一段时间里,女工们拒绝说出自己的技术秘密,最早的一批由机器制作的胸罩质量非常糟糕。20世纪下半叶,很多女工在一些中高档内衣工厂工作,比如"仙黛尔"和"乐雅比"。她们的工作技术要求依然很高:要知道,制作一件模杯文胸需要十八道工序!但是20世纪90年代至21世纪10年代间,这些工厂有的关门,有的搬到了其他地方。于是,女工们发起了激烈的反抗,反对裁员和工厂关门,她们把自己缝制的胸罩变成了斗争的武器。

1995年,乐雅比公司和优利斯公司合并,女工获得的很多社会福利受到威胁,比如第十三个月的工资,她们便在游行示威时用蕾丝胸罩装饰横幅。1996年7月,乐雅比被美国的一家纺织集团收购,该公司宣布裁员225人。一些女工决定组织时装走秀活动,"展示最新季的最新款式",报道这一事件的记者们目瞪口呆(目光里可能还带着点下流)。通过这一活动,她们把穿内衣的女工身体暴露在公共空间里。被美国纺织集团收购的乐雅比公司破产,引发了第一次大规模裁员,之后公司又被奥地利一家集团收购。2010年,因为公司打算搬到摩洛哥、突尼斯和中国,再一次引发裁员,但当时公司的财务情况并不算糟糕。在乐雅比公司工作的女工再次走上了斗争之路,她们占领了总公司,把让她们感到骄傲的胸罩挂在两条横幅中间,或者在游行示威时把胸罩穿在衣服外面。她们甚至还缝制了一套巨大的内衣内裤,边上绣着缩写字母"CFDT"[1]，以显示自己高超的技艺。所以，展示出来的胸罩又变成了斗争物。就像之前经常看到的情况，参加斗争的女工不得不创造一些在男工运动中看不到的物品和行动方式，男工的运动则好战、充满阳刚之气，也是重复单调的。女工的积极运动得到了部分公众的支持，但不幸的是，最后还是以失败告终。

---

[1] 法国民主劳工联合会的缩写，全称为Confédération Française Démocratique du Travail。——译者注

参考资料

关于女性的乳房以及她们的"织物枷锁",可参看卡米耶·弗鲁瓦德沃-梅泰里的作品《乳房:寻求解放之路》(阿纳莫萨出版社,2020)。想要更多地了解乐雅比公司女工的斗争,可以阅读范妮·加洛的文章《胸罩的复仇:内衣厂女工的身体(1968—2012)》(《克利俄:历史、女性与社会》2013年2月第38期,第61—78页)。贾斯廷·亚历山大·巴特尔斯拍摄的系列照片《印记》在网络上很容易找到,它们同时也揭露了鞋子、内裤和紧身牛仔裤对女性身体的压迫。

头　巾

　　头巾这一物品，并不是所有女性主义者一致反对的对象，因为她们内部存在着不同的观点。当我说"女性主义者"的时候，我所指的并不是这样一些人：她们只在谈及戴头巾的女性时才自称女性主义者。此处涉及的问题并不是女性主义问题，而是把女性主义当作服务于仇外、种族主义仇恨的工具。真正的女性主义者是团结在一起为争取女男平等而斗争的人，她们反对一切针对女性的暴力和歧视，她们捍卫女性的自主权利。在排除虚假的女性主义者后，我们不可否认，就女性是否能在法国戴头巾这一问题，真正的女性主义者之间也会产生分歧。我之所以强调"在法国"，是因为大家都支持在其他许多严令规定女性必须戴头巾的国家，女性应当摘下头巾。

出于知识分子的诚实，我必须承认，首先，作为一名女性主义者，关于这一问题我有自己的观点和立场，但还是让我们描述得尽可能更详细一些。1989年10月发生了"头巾事件"，三位戴头巾的穆斯林少女被克雷伊市的加布里埃尔-阿韦高中开除。这一事件发生后，女性主义者关于这一问题的立场变得四分五裂。

一方面，有些女性主义者反对女性在法国，尤其是在公共场合戴头巾，她们认为头巾是异化的标志，以及父权压迫和"宗教原教旨主义"的工具，只有揭掉头巾才能得到唯一可能的解放。戴头巾的女性可能是某种压迫的受害者（这种压迫可能来自家庭、街区、"共同体"——该词经常出现但是定义并不明确），她们长期忍受着这种压迫并且将其内化（这一论述导致这些女性的话语都变得不合理），这种压迫显然与女性主义者的女男平等的主张格格不入。

另一方面，也就是我所赞同的观点：并不是要"支持头巾"——这个词没有任何意义，而是要认识到这一事实，在法国——我必须强调这一点——戴头巾，涉及各种各样的情境、个人策略以及选择，有时候这些与父权统治并无关系。然而，不可接受的是强迫，而不是服饰本身。所以，强迫他人揭掉头巾也是不可接受的。这些"赞成自由选择"的女性主义者拒绝一切以头巾为借口，意在谴责女性或禁止女性进入某些空间或进行某些活动的话语、态度和法律，因为这不但违背了共和国的平等理念，而且是一种性别歧视，因为这一切针对的只有女性。她们还提醒道，解放他人不能违背本人的意愿，不能以解放的名义——无论是个人的还是集体的——支持任何强迫他人揭掉头巾的行为："不要解放我们，我们自己可以做到。"最后，有必要指出或者哀叹的是，这些一直都在进行的辩论却没有让最主要的当事人——戴头巾的女性——发言，也没有聆听她们的心声。总而言之，女性主义者内部不同立场的人有时在针锋相对，而不是相互倾听。

太阳底下无新事。之所以以复数的方式谈论女性主义（féminismes），是因为女性主义历史一直充满了各种分歧和矛盾，这也是所有斗争运动的共性：鞭打吉伦特派女权主义者安妮-约瑟夫·戴洛瓦涅的人正是"山岳派女权主义者"（这个词当时还未出现）；乔治·桑在一封尖刻的信中反对1848年革命女性提出的要求，她们要求她参加四月的制宪议会选举；于贝蒂娜·奥克莱尔去玛丽亚·德雷姆斯家里谈论自己支持妇女参政的主张，最后不欢而散，摔门而去；"妇女解放运动"有许多分支，各分支在一些议题上分歧特别大。女性主义是复数的，很可能是充满纷争的。目前关于头巾的矛盾在我们看来之所以显得特别激烈，是因为时间让大家忘记了过去观点的差异性。

那么，在这样一场需要社会学家的大量研究以及方法的当代辩论中，一位支持自由选择的女性主义历史学家能够说些什么？

值得注意的是，一直到20世纪50年代，法国女人"光着脑袋"出门都是不合适的。我们的祖母们头上戴着帽子、方巾、无边软帽、长围巾，这样才符合社会礼仪，也方便工作。女人"光着脑袋"，说明她生活状况糟糕。当众把女人的帽子摘下来是对她的一种侮辱。不戴帽子的时候，通常需要把头发束起来，年轻的女孩梳马尾辫，年纪大的则梳成发髻。所以，把头遮起来这种要求并不是某个宗教独有的。2016年8月29日，当曼努埃尔·瓦尔斯想要告诉众人伊斯兰教与法兰西共和国水火不容，而警察追捕戴头巾的女性或沙滩上穿比基尼的女性的行为合法合理时，为此他想要利用玛丽安娜[1]自由奔放的形象——袒胸露乳，头上什么都不戴。Que nenni![2] 代表共和国的玛丽安娜形象应该绾着头发，戴着王冠或弗里吉亚软帽。因为，设计一个头上什么都不戴的共和国形象，在那时是不可接受的！

更为重要的是，历史学家有必要回顾一下与传统的宗教头巾相关的话语、观点和策略以及这些是如何受殖民时期历史影

---

1 Marianne，象征法国的女性形象。——译者注
2 拉丁语，意思是"不，绝对不可以这样！"。——译者注

响的。当欧洲列强，包括我们法国，开始殖民扩张时，它们想要以解放、帮助殖民地社会文明化的名义使自己的统治合法化。妇女解放也是殖民者提出的主张之一。一些法国人拒绝修订《法国民法典》中具有性别歧视意味的条款，否定女性选举权，但是这群人却不遗余力地为阿尔及利亚女性或突尼斯女性的生存环境疾呼，他们认为各种各样的头巾与他们带去的文明水火不容。于贝蒂娜·奥克莱尔是那个年代关注殖民地女性境遇的少数女权主义者之一。她同自己的丈夫在阿尔及利亚生活了几年，她很快揭露了阿尔及利亚女性在殖民统治下遭受的双重压迫，她谴责法国男性的虚伪——他们在"以专制主义压迫女性"的同时，又声称自己是阿尔及利亚女性的解放者。她也不免沿用了这套殖民主义言论和东方主义的刻板印象，并且反对头巾。她维护阿尔及利亚年轻女性受教育的权利，认为这是解放的关键。她还意识到，只是口头上说要解放女性的殖民者并没有做出任何真正的实事。

与此同时，马格里布妇女所戴的头巾，尤其是把头和下半张脸遮起来的"哈伊克"[1]，却被利用到了充满异国情调甚至是色情色彩的殖民主义想象中。报刊图片、广告、明信片，到处

---

[1] Haïk，马格里布地区的一种服饰，基本只露出眼睛部分。——译者注

都可以看到穿着"哈伊克"的女性，哪怕她们并不裸露身体，但是身体的姿势却充满挑逗意味。也就是说，完全与传统服饰的端庄背道而驰。要知道，这些专门为欧洲男性群体设计的图片在殖民地的本地小店里也有出售，殖民地人民不得不忍受它们，无论男女都感受到深深的侮辱。艺术史学家布鲁诺·纳齐姆·阿布德拉曾撰写过关于头巾的穆斯林起源的专著，他不无准确地说道："这种具有东方主义色彩的行为，也具有殖民主义色彩，因为它反映了宗主国与其海外殖民地之间的各种不对等关系。在法国本土看不到此类的图片，比如，戴着帽子、赤身裸体的比谷登[1]女人或贝里[2]女人绝不可能出现在报刊亭的明信片上。"对头巾的极端关注，把马格里布女性描绘成阿拉伯和穆斯林男性统治下的受压迫者、顺从者和受害者，继而认为只有揭掉头巾才能解放她们，这些都是殖民主义遗留下来的糟粕思想。殖民化中的头巾问题内含着对女性身体以及对被殖民者的控制。托马·罗贝尔·比若将军曾残暴地侵占了阿尔及利亚，留下了一段悲伤的历史，1830年，他这样说道："阿拉伯人之所以见到我们就跑，是因为他们要将自己的妻子带离我们的目光。"

1958年5月18日，阿尔及尔举行了摘头巾仪式，毫无疑问，这是事件的高潮。在此几天前，5月13日，刚刚发生了士

---

[1] 位于法国布列塔尼地区菲尼斯泰尔省的少数民族地区。——译者注
[2] 位于法国卢瓦尔河谷中部的少数民族地区。——译者注

兵和殖民地移民起义。法国军队驻阿尔及尔第五办事处，即"心理战办事处"，非常庄重地举行了这一仪式。在仪式中，一些阿尔及利亚女人摘下了头巾，她们周围都是欧洲女人——并不是随便什么女人，而是叛乱军官的妻子。被操纵的报纸杂志的头条都在谈论"阿尔及利亚女性的解放"及"阿尔及利亚女性对法属阿尔及利亚的支持"。根据档案记载，很多女人之所以来参加这一活动，要么是因为受到胁迫，要么是因为有人许诺她们可以在首都移民区工作，这一活动是为政变赋予表面上的合法性，并且通过展现两个不同群体之间的友好关系，来逼迫第四共和国的权力机构采取行动。摘下女性的头巾，其实是依照西方目光的标准，使她们变成诱惑物和消遣物。为此，第五办事处在此之前就张贴了一张海报，上面画着一个戴面纱的女人和一个没有戴面纱的女人，旁边还印着这样一行字："你们难道不美吗？摘下你们的头巾！"实际上，这也是为了反对阿尔及利亚女性用头巾进行的反殖民活动。

因为"哈伊克"曾经也是女性反殖民战斗的物品之一。在战争爆发之前，对很多阿尔及利亚女性而言，面纱是一种对身份的肯定，一种拒绝被武力同化的标志，一种文化抗争行为。在战争期间，"菲达耶特"[1]善于使用头巾，这些人是阿尔及利

---

1 "菲达耶特"（fidayate）和"菲达耶"（fidaï），指阿尔及利亚民族解放阵线内部负责恐怖袭击的女兵，此处为音译，前者是复数形式，后者是单数形式。——译者注

亚民族解放阵线军队中负责恐怖主义活动的女兵。她们可以根据不同的情况穿上或者脱下"哈伊克",因为这种服装可以掩盖她们的身份,可以遮住各种各样的武器,是用于战斗的工具。由于马克·里布拍摄的照片,以及意大利人吉洛·蓬泰科尔沃拍摄的电影《阿尔及尔之战》(1966),穿"哈伊克"的阿尔及利亚女人形象广泛流传开来,它表现了阿尔及利亚女性的反抗运动以及在独立战争中的积极表现。"哈伊克"是阿尔及利亚解放战争中女性行动力的象征,但是对敌对方而言,这根本无法忍受,他们认为这是奴役的象征。马提尼克岛的反殖民主义精神病科医生、国民解放阵线(FLN)成员弗朗兹·法农在一篇论述阿尔及利亚女战士的文章中这样写道:"被摘掉的头巾,被重新戴上的头巾,工具化的头巾,变成隐蔽工具和斗争方式的头巾。"

此外,关于头巾问题,这些阿尔及利亚女战士表现出容忍的态度。因此,当阿尔及利亚民族解放阵线年轻的"菲达耶"贾米拉·布帕夏被逮捕、遭受酷刑并被强暴后,吉塞勒·哈利米为她辩护,西蒙娜·德·波伏瓦、弗朗斯瓦丝·吉鲁、弗朗斯瓦丝·萨冈和热尔梅娜·蒂利翁都纷纷表示支持她。这是阿尔及利亚战争期间唯一被媒体报道的强奸案。1962年6月28日,贾米拉·布帕夏回到了阿尔及尔,她公开发表了一次演讲,听众绝大部分是女性,包括穿着欧式风格服装的女性——贾米拉·布帕夏自己也一样——以及其他穿着传统服饰的女性，也就是说戴着头巾。她明确说道："在新的阿尔及利亚，不必摘下头巾。一切取决于个人的意愿：我们尊重每个女性自由选择的权利。"

参考资料

关于头巾的历史，我要向您推荐玛丽亚·朱塞平娜·穆扎雷利的著作《头巾的历史：从起源到伊斯兰头巾》（贝亚尔出版社，2017）和妮科尔·佩尔格兰的著作《头巾发展史：从中世纪到梵蒂冈第二届大公会议》（法国国家科学研究中心出版社，2017）。2021年1月22日，创作了《头巾背后的世界：穿过又脱掉罩袍的女性十年调查》（前言由奥利维耶·罗伊撰写，阿尔芒·科林出版社，2020）的女作者阿涅丝·德·费奥在《石板》上发表了一篇关于这一问题的综述性文章《东方女性的面纱，从殖民幻想到反抗的工具》。大家也可以参考布鲁诺·纳齐姆·阿布德拉的作品《头巾是如何穆斯林化的》（弗拉马里翁出版社，2014）。

关于女性所承受的殖民者目光，朱莉娅·克朗西·斯米特发表在《新女性主义问题》（2006年1月第25卷）上的文章《殖民目光：法属阿尔及利亚形成中的伊斯兰教、性别与身份（1830—1962）》非常精彩。在《殖民时期的阿尔及利亚史》（发现出版社，2014）中，内尔·麦克马斯特撰写的一个章节《女性在战争中的关键作用》非常精彩。

关于摘头巾的仪式，可以参看内尔·麦克马斯特的作品《燃烧头巾：阿尔及利亚战争与穆斯林女性的"解放"（1954—1962）》（曼彻斯特大学出版社，2009）。关于弗朗兹·法农的文章参看其论文集《阿尔及利亚战争的第五年》[发现出版社，2001（初版：马伯乐出版社，1959），第16—50页]中的《阿尔及利亚摘下头巾》一文。

最后，关于女性主义者在头巾问题上的分歧，参看弗洛朗丝·罗什福尔发表在《二十世纪历史杂志》（2002年3月第75期）上的文章《头巾、性别与1989年的政教分离》，以及比比亚·帕瓦尔、弗洛朗丝·罗什福尔和米歇尔·赞卡里尼-富尔内尔合著的《不要解放我们，我们自己可以做到：1789年至今的女性主义史》（发现出版社，2020）中的一个章节《头巾与伊斯兰教：从头巾到法律（1989—2004），女性主义者的立场》。

结语

阉割装置

一把椅子，上面钻了孔；一把修枝剪。哎哟！切除睾丸。女士们、先生们，这就是阉割装置。

大家请安静。这并不是真实存在的物品，而是比利时艺术家米歇尔·安塔基创作的一件艺术品，它先是在巴黎展出，后在列日举办的展览"无礼的艺术"（2012）中展出。米歇尔·安塔基是"多彩马戏团"[1]（一家位于列日、具有超现实主义风格的歌舞厅）的老板，是培育宇宙悖论与谎言的园艺师，是早泄患者国际联合会主席[2]。

很难弄清楚他脑袋里想的是什么，抑或他是否知道这个混成词以前就存在……就在法国大革命期间！我不是从穿衬裙的女人嘴里听到这个词的，而是在穿教袍的男人嘴里听到的：一

---

1 原文是"Cirque Divers"，是对巴黎的"冬季马戏团"（Cirque d'Hiver）的戏仿和讽刺，两个表达在法语中发音一样。——译者注
2 此处是米歇尔·安塔基自封的名号，具有讽刺意味。——译者注

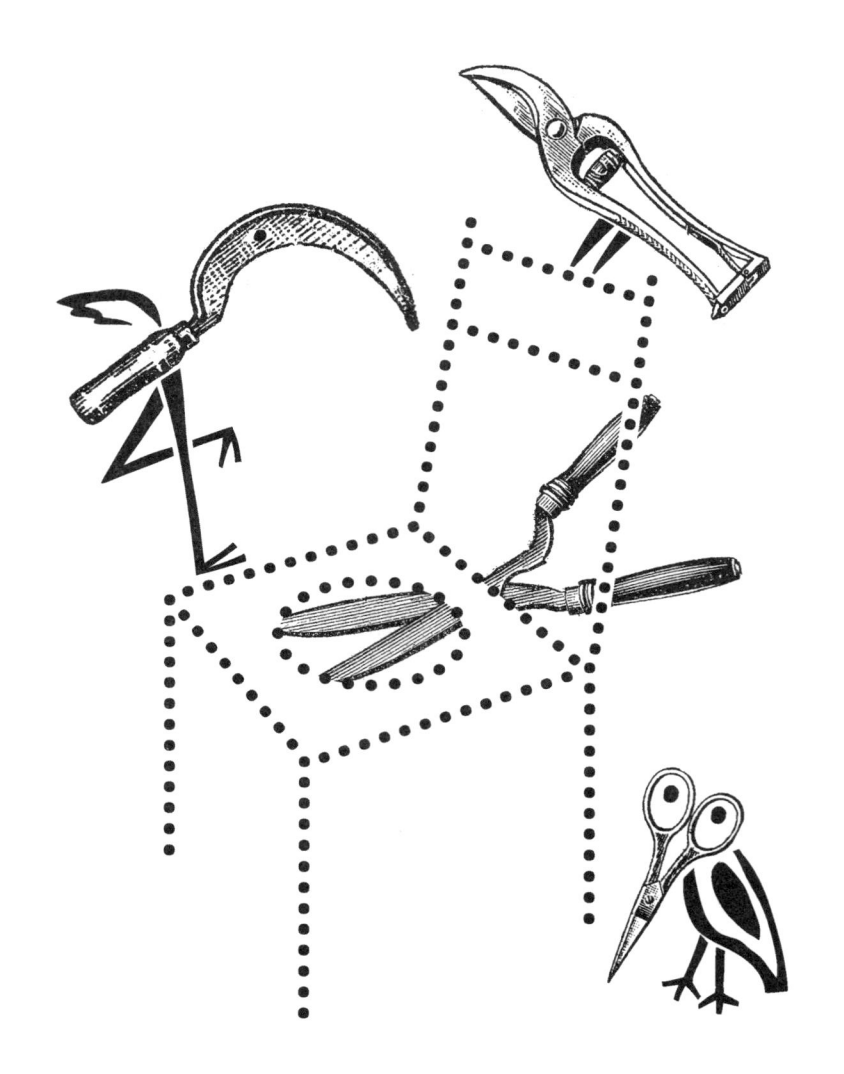

阉割装置

一种机械装置，和绞刑架相似，用于切割睾丸。

个顽固不化的教士！反法国大革命人士雅克·安托万·迪洛在自己的回忆录中写道，他在一家瑞士的小旅馆遇到了一位同在流亡的、来自法国阿尔萨斯区的教士。这位阿尔萨斯的教士猛烈攻击了法国大革命，主要是立宪派神职人员，尤其是巴黎的大主教。"他会被阉割。"他如此预言道。要知道，这个词的阳性形式[1]是"红酒"的俚语之一，出现在19世纪中叶。

问题出现了：阉割装置是女权主义者还是反女权主义者的臆想呢？答案是后者！在女男平等这一进步思想的推动下，对失去男子气概的担忧自女性主义诞生之日起就已存在。将女性或女权主义者描绘成施行阉割的人，这是一种极为常见的、带有性别歧视意味的平庸想象。这都怪弗洛伊德，他不仅坚信阴茎至高无上，还认为阴蒂高潮是不成熟的表现，但他还不满意，还试图告诉后世：女性有着独特的阉割幻想……根据他的观点，小女孩一旦意识到自己"缺少"阴茎，就会感到恐惧，之后她会竭尽全力找到象征性的替代物，同时试图阉割男性。

因此，反女权主义者的重要武器就是让大家觉得女性想要阉割男性。比如，阿尔贝·奇姆在诗歌《马赛曲》（1899）中，让妇女参政论者说出这些话，以此破坏她们的形象："让我们攻击！前一天的公鸡，第二天就变成了阉鸡。"这一主题尤其会被用来抨击"妇女解放运动"。让·拉特吉在《致良家妇

---

[1] "阉割装置"的法语原文是"couillotine"，阳性形式即"couillotin"。——译者注

女的公开信》（1972）的伊始就这样写道："因为女性自己没有阴茎，所以现在她们希望割下男性的阴茎。"同一年，讽刺报刊《臼炮》刊登了文章《到此为止吧！阉割者来了》，文章最后解释说，这是因为女权主义者都是同性恋……真不幸……一通胡说八道，老调重弹：没有阴茎并且不喜欢阴茎的女性想要切掉阴茎，肯定是这样，肯定……哪怕今天也不要指望能摆脱这种陈词滥调。埃里克·泽穆尔[1]从来不会错过任何反女权主义的讨论，自然也会强调"实施阉割的女权主义者"这一主题。

毫无疑问的是，对这位挑衅的比利时艺术家而言，他所设想的阉割装置没有任何性别歧视的意味。这一点与他其他的立场和作品根本没什么关系。相反，他嘲笑大男子主义的恐慌。

其实阉割装置是男人们的幻想。因此，他们自然也是唯一特别在意这一身体器官的人。蒂埃里·阿尔迪松曾不客气地对伊莎贝尔·阿隆索大声说道："您想要割掉男人的睾丸！"这位女权主义战士、女作家这样反驳道："那您想让我们怎么做呢？这些玩意儿只因长在男人身上才显得重要。"

> 附言：好吧，我承认之所以加上这个物品，是因为希望弗雷德·索查德能接过米歇尔·安塔基的接力棒，把阉割装置画出来！

---

[1] Éric Zemmour，生于1958年，法国极右翼政治人士，曾为法国总统候选人。——译者注

《不允许禁止》（节选）

《一位女性关于1968年五月风暴的证词》，选自专著《五月的女孩：68运动，属于我的五月——女性回忆录》，水边出版社，2018年。

不允许禁止。
这写在我的城市的墙上。
多么幸福！
禁止不穿罩衫。
禁止化妆。
禁止穿长裤，除非气温降到零摄氏度以下，可以在裙子里面穿长裤。
禁止在上高中前与男孩约会。
禁止婚前性行为。
禁止堕胎，违反法律的女人和医生很有可能会被判刑。
禁止我晚上出门。
这一切都将被废除！

阿达，1968年，她二十岁，住在巴黎近郊，正在准备秘书资格证考试。